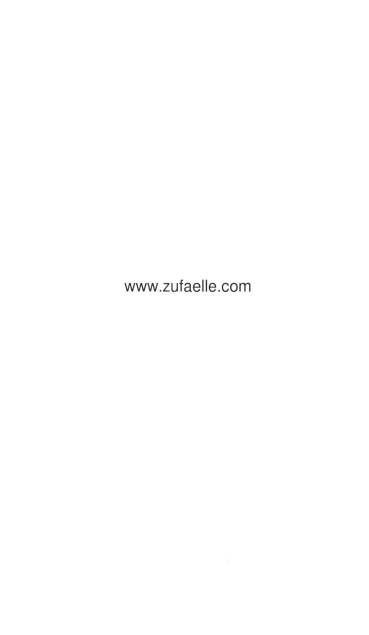

Thomas Eckerle

Der Zufall als Coach

Die Ratschläge in diesem Buch wurden vom Autor sorgfältig ausgewählt und geprüft, dennoch kann keine Garantie übernommen werden. Eine Haftung des Autors bzw. des Herausgebers für Personen-, Sach- und Vermögensschäden ist ausgeschlossen.

ISBN 978-3-000-42918-7

1. Auflage November 2013

Copyright 2013
Eckerle Media UG (haftungsbeschränkt), Radolfzell
Alle Rechte vorbehalten.

Covergestaltung:
OOOGrafik Corina Witte-Pflanz, Steißlingen
unter Verwendung zweier Fotografien von Fotolia.com
(Urheber: Infinity und Wong Yu Liang)

Druck und Bindung:
Verlagsdruckerei Schmidt GmbH, Neustadt

Herausgeber und Vertrieb:
Eckerle Media UG (haftungsbeschränkt)
D-78315 Radolfzell, Lindenallee 9
info@eckerle-media.de
www.eckerle-media.de

Inhalt

1	Mach mehr aus deinem Leben	9
2	Der Zufall und seine Bedeutung	13
3	Kleine Zufälle mit großer Wirkung	21
4	Wünsch dir was – Ereignisse herbeizaubern	29
5	Reich werden ist einfach ...	41
6	Du bist ein Gewinner	51
7	Loslassen und Chillen	59
8	Der Zufall als Coach	65
9	Im Traumjob neu durchstarten	69
10	Dein Wunschpartner wartet schon	79
11	Coaching fürs Bankkonto	87
12	Dr. Zufall	97
13	Wertvolle Tipps	107
14	Das Geheimnis hinter dem Zufall	121

1 Mach mehr aus deinem Leben

Leben Sie IHR Leben? – Ein Leben wie Sie es sich in Ihren Träumen vorgestellt haben? Ein Leben, in dem Sie Ihre Talente einbringen können, Ihrer Berufung nachgehen und Ihre persönliche Entwicklung vorankommt, kurzum ein erfülltes Leben, das Sinn und Freude macht?

Falls Ihre Antwort »Nein« lautet, sollten Sie das vorliegende Buch in die Hand nehmen und mit Ihrem persönlichen Coaching am besten gleich loslegen. Verschwenden Sie nicht einen Tag, eine Stunde, nicht einmal mehr eine Minute Ihres Lebens, denn es ist einfach zu kostbar.

Fällt Ihre Antwort mit »Ja« aus, dann kaufen Sie das Buch trotzdem und schenken Sie es Ihrem Freund oder Freundin, einem Kollegen oder Kollegin, wer Ihnen gerade einfällt. Schließlich muss der Autor auch von etwas leben.

Das Buch vermittelt eine Sichtweise, die es uns ermöglicht, mehr aus unserem Leben zu machen. Haben Sie sich schon einmal gefragt, warum Sie im Beruf nicht so erfolgreich sind wie Sie es sein könnten? Wie Sie Ihre finanzielle Lage signifikant verbessern können? Warum Sie noch nicht Ihren Traumpartner gefunden haben? – Das vorliegende Buch »Der Zufall als Coach« gibt Antworten auf diese und andere Fragen.

Es weist Ihnen den Weg, endlich Ihre Möglichkeiten auszuschöpfen. Und das Beste, Sie müssen hierfür nichts Übernatürliches leisten oder spezielle Vorkenntnisse besitzen. Bis auf den Kaufpreis des Buchs brauchen Sie keine Investition zu tätigen. Und das ist eine gute Anlage in Ihre Zukunft. Sie können sofort anfangen, Ihr Leben und Ihr Schicksal positiv zu verändern. Jetzt, in diesem Moment.

Irgendwo muss doch ein Haken sein, werden Sie vielleicht jetzt sagen. Wenn es so einfach wäre, erfolgreich im Leben zu sein und dies ohne besondere Anstrengung, würden es doch viel mehr Leute praktizieren. – Ja, Sie müssen etwas tun. Sie müssen bereit sein, sich und Ihre bisherige Sichtweise zu ändern. Das mag nicht immer einfach sein, aber nehmen Sie die Herausforderung an.

Lesen Sie dieses Buch mit offenen und wachen Gedanken. Beobachten Sie die Ereignisse und Zufälle in Ihrem Umfeld. Lernen Sie mit dem Buch im Leben Erfolg zu haben. Sie bestimmen die Ereignisse, Sie entscheiden sich bewusst für Fülle und Reichtum, Sie sind der Steuermann Ihres Lebens und nicht die anderen. Leben Sie Ihr Leben – Jetzt!

Dein Coach

- Lebe ab sofort **Dein** Leben und nicht das eines anderen.

- Fang am besten **sofort** damit an.

2 Der Zufall und seine Bedeutung

Vor einigen Jahren standen meine Frau und ich am Rand einer saftig grünen Wiese und schauten den Pferden zu wie diese von der einen auf die andere Seite der Koppel galoppierten. In der Ferne spiegelte sich die Sonne auf den matt glänzenden Dachziegeln einiger Neubauhäuser. »Hier wäre ein idealer Platz zum Wohnen«, sagte meine Frau zu mir und ich stimmte ihr zu.

Wir stellten uns vor, welche Sicht wir wohl von der Terrasse aus hätten und in welcher Farbe die Außenfassade des Hauses sein sollte. Spinnereien von uns, denn die Pferdekoppel gehörte nicht zu einem Baugebiet und der Besitzer wollte seine Pferde bestimmt nicht aufgeben. Zudem waren in dieser Stadt die Bauplätze knapp.

Einige Jahre später wohnten wir genau an dieser Stelle in unserem neuen Reihenhaus. Wir standen auf unserer Terrasse und genossen den Blick auf die Lichter der Stadt, die sich in der Dämmerung abzeichneten. Ein merkwürdiger Zufall, wenn man bedenkt, was alles in der Folge passieren musste, damit unser Traum vom Wohnen exakt an diesem Platz wahr werden konnte. Den Pferden geht es übrigens gut, sie sind auf einer schönen Koppel der Nachbargemeinde untergekommen.

Zwischen dem Zufall, der in unser Leben tritt und unserer Person gibt es offensichtlich einen unmittelbaren Zusammenhang. Gelingt es uns, diesen Zusammenhang und die dahinter liegenden Gesetzmäßigkeiten zu erkennen, können wir unser Schicksal bewusst in die eine oder in die andere Richtung lenken.

Der Zufall will es und Ihr Nachbar erzielt einen Lottogewinn? – Wieso hat es ihn getroffen und nicht mich, fragen Sie sich vielleicht. Warum treffen die glücklichen Zufälle immer bloß die anderen? – Die Antwort ist einfach, weil der Zufall nichts aber auch gar nichts mit Versehen oder Willkür zu tun hat. Es **fällt** genau dem **zu**, der hierfür verantwortlich ist. Der Zufall bzw. das Ereignis trifft uns immer persönlich und zwar mit voller Absicht. Darin liegt unsere große Chance. Wir sind das Ziel und explizit wir sind damit gemeint, sei es nun ein positives oder negatives Ereignis, das uns

»zufällt«. Anhand der Ereignisse, die uns gegenwärtig im Leben treffen, können wir feststellen, wie sich unser Handeln und Denken der Vergangenheit jetzt »auszahlt«. Kommen wir unseren gesetzten Zielen näher oder entfernen wir uns von ihnen? Wir haben es selbst in der Hand.

Ein guter Bekannter von mir wollte sich selbstständig machen und hatte einen Antrag auf Gründungszuschuss bei der Arbeitsagentur gestellt. Er war sich jedoch unsicher, ob die Selbstständigkeit das richtige für ihn sei oder ob er sich lieber wieder einen Angestelltenjob suchen sollte.

Obwohl er den Antrag persönlich am Empfang abgab, ging dieser auf dem Weg zum entsprechenden Sachbearbeiter innerhalb des Hauses verloren. Ein seltenes Ereignis, was jedoch hin und wieder vorkommen kann. Der Bekannte wurde durch den Zufall des Verlorengehens gezwungen, sich nochmals mit der Frage der Selbstständigkeit auseinanderzusetzen. Welche Ziele und Hoffnungen verband er mit der selbstständigen Tätigkeit?

Nachdem er sich darüber im Klaren war, gab er den Antrag ein zweites Mal ab. Und natürlich ging dieser nicht mehr verloren.

Je mehr wir uns mit dem Thema »Zufall« beschäftigen, führt dies zur Erkenntnis, wir sind nicht der Willkür einer fremden höheren Macht ausgeliefert, sondern wir können diese Zufälle um uns herum beeinflussen.

Die Sichtweise, wir sind Opfer des Schicksals, sollten wir schnellstens über Bord werfen. Jeder einzelne ist seines Glückes Schmied, wie schon das Sprichwort sagt. Welche Art des Lebens ziehen Sie vor? – Sicherlich würden Sie ein angenehmes und glückliches Leben wählen. Und warum machen Sie das nicht? - Weil Sie verlernt haben, auf sich und die Geschehnisse in ihrer Umgebung zu achten und diese mit Ihrer Person in Verbindung zu bringen.

Wir selbst haben es in der Hand, uns und damit unser Leben zu ändern. Jederzeit! Am besten wir fangen gleich damit an. Das Leben ist zu kostbar, um es zu verschwenden.

Falls der Arzt bei uns eine schwere Krankheit diagnostiziert, fragen wir uns, warum musste es gerade uns treffen. Eventuell können wir sogar einen direkten Zusammenhang zwischen uns und der Krankheitsursache herstellen. Wir waren übermäßig gestresst, gaben dem Körper keine Möglichkeit zur Regeneration und so weiter. Kein Wunder also, dass die Krankheit ausbrechen konnte. Das leuchtet uns ein.

Schwerer fällt es uns dann, sobald wir keinen kausalen Zusammenhang zwischen eigenem Handeln und Ereignis herstellen können. Warum wurde ausgerechnet in meinem Haus eingebrochen, wieso traf mich der Kursverlust an der Börse, warum musste ich nur an diesen »blöden« Vorgesetzten geraten?

Immer, wenn wir keinen plausiblen Grund auftreiben können, muss der »*Zufall*« herhalten. Wir können nichts dafür, er ist an unserem Unglück schuld. Auf den ersten Blick scheint dies eine einfache Lösung zu sein, die uns die Möglichkeit gibt, den Blick vor der Realität zu verschließen. Leider wird unser Leben dadurch nicht glücklicher oder zufriedener. Ganz im Gegenteil! Mit dem Abschieben der Verantwortung machen wir uns keinen Gefallen, denn wir sehen uns als Spielball höherer Mächte, deren Treiben wir hilflos ausgeliefert sind - eher eine furcht einflößende Vorstellung.

Wir müssen aus dieser Opferrolle heraus. Die Zeiten, in denen wir uns als Opfer gesehen haben, sind vorbei. Vielmehr packen wir ab sofort unser Dasein selbst an und greifen aktiv in unser Schicksal ein.

Dein Coach

- ➢ Der Zufall trifft uns mit voller Absicht.

- ➢ Zufälle und Ereignisse sind auf unser Denken und Handeln zurückzuführen.

- ➢ Wir selbst sind für unsere Zufälle verantwortlich.

3   Kleine Zufälle - Große Wirkung

In jungen Jahren machten ein Freund und ich eine Motorradtour durch Südfrankreich. Es war ein heißer Sommer, die Sonne hatte ihre Arbeit mehr als ordentlich verrichtet und unsere Haut längst tief gebräunt. Unsere Reise neigte sich unwiderruflich dem Ende zu.

Am nächsten Morgen sattelten wir unsere Maschinen und fuhren in der Nähe der spanisch-französischen Grenze in Richtung Heimat. Vor uns quälte sich ein Wohnwagengespann die schnurgerade Straße entlang, in seinem Schatten tuckerte ein Traktor mit aufgeladenem Heu. Ein vor uns fahrender Citroen überholte den Schlepper, mein Freund drehte am Gasgriff seines Motorrads und tat es ihm nach. Nun befanden sich die beiden direkt hinter dem holländischen Wohnwagengespann. Währenddessen war ich ein gutes Stück hinter dem Schlepper zurückgeblieben, da ich die karge, jedoch schöne Landschaft bewunderte. Mein Abstand zum Traktor wurde nun schnell geringer. In einiger Entfernung tauchte die monströse Silhouette eines LKWs auf der Gegenspur auf.

Das dürfte noch locker reichen, dachte ich so bei mir, und setzte mit meiner alten Yamaha zum Überholen des Traktors an. Mit Schwung sauste ich am landwirtschaftlichen Gefährt vorbei und musste mit Erstaunen feststellen, dass alle Fahrzeuge vor mir plötzlich bremsten. Die Lücken zwischen ihnen schlossen sich und da, wo ich einscheren wollte, war auf einmal kein Platz mehr. Warum zum Teufel bremsen die alle, fluchte ich innerlich.

Die schwarze Kühlerhaube des entgegenkommenden Tanklasters hob sich bereits deutlich und drohend ab. Panik erfasste mich plötzlich. Irgendwie schien auf der Straße keine freie Stelle für mich und meine Yamaha zu sein. Flugs den Gashahn nochmals richtig aufgedreht und zum Überholen aller vor mir liegenden Fahrzeuge angesetzt.

»Es wird zwar nicht reichen, vor dem auf mich zubrausenden Ungetüm einzuscheren, aber ich fahr einfach auf der Mitte der Fahrbahn, da ist noch genügend Platz für mich.« Im selben Moment scherte das Wohnwagengespann nach links aus und machte mein geplantes »Schlupfloch« zu.

Mit Erschrecken sehe ich den mächtigen Kühlergrill direkt auf mich zurasen, erkenne jede einzelne mit Chrom überzogene Rille, höre den durchdringenden Dauerton der

LKW-Hupe im Ohr und dann für den Bruchteil einer Sekunde nichts mehr. Absolute Stille! Völliger Blackout!

Wie in Trance sehe ich mich an den ausladenden Außenspiegeln des Wohnwagengespanns vorbeihuschen, merke gleichzeitig, der LKW ist auf den unbefestigten Seitenrand ausgewichen und hat Mühe sein Gefährt unter Kontrolle zu halten. Im Rückspiegel zwei Radfahrer am rechten Fahrbahnrand, die in aller Ruhe vor sich hin strampeln. »Aha, deswegen haben die alle gebremst und das Wohnwagengespann ist nach links ausgeschert«, gebe ich mir selbst die Antwort.

Wenige Bruchteile vor oder nach dem Überholvorgang des Traktors und ich hätte sie gesehen und richtig reagieren können. Eine kurze Eingebung des Gespannfahrers und er wäre nicht so weit ausgeschert, als er die Radfahrer überholte. Nur eine kleine Unaufmerksamkeit des Tanklasterfahrers und ich wäre tot gewesen. Kleine Zufälle können eine große Wirkung auf uns und unser Leben haben. Wir sollten sie deshalb nie unterschätzen!

Wann ist ein Ereignis wirklich bedeutend für uns? – Sobald wir emotional berührt sind, erkennen wir, der Zufall will uns etwas mitteilen, uns auf ein Thema hinweisen. Jeder Zufall hat seine individuelle Bedeutung für uns, egal ob Sie Ihre Geldbörse verloren haben oder ob Sie in letzter Minute den Zug nach Hause verpasst haben. Jeder Zufall, jedes Ereignis hat seine Berechtigung.

Im oben genannten Beispiel hat die Geldbörse mit Ihren Finanzen zu tun. Es könnte ein Hinweis sein, sich vermehrt um die eigenen Geldangelegenheiten zu kümmern. Vielleicht haben Sie den Überblick verloren, einem windigen Finanzberater zu viel Vertrauen geschenkt oder Sie versäumen gerade den Zeitpunkt des richtigen Aktienverkaufs.

Es gibt viele Möglichkeiten. Dank unserer Intuition wissen wir jedoch im Grunde was uns der Zufall sagen will und wie wir entsprechend vorgehen sollten. Diese Intuition müssen wir wieder in uns wecken. Jeder Mensch hat sie, Sie auch!

Selbst »kleine« Vorkommnisse können große Bedeutungen bergen. Möglicherweise ärgern Sie sich, den Zug nach Hause zu verpassen, aber vielleicht laufen Sie just in diesem Moment Ihrem Partner fürs Leben in die Arme, der *zufällig* ausnahmsweise ebenfalls diesen Zug nimmt. Der Zufall hätte somit zu einem Happy End geführt, zumindest im Falle einer glücklich verlaufenden Partnerschaft.

Oft nehmen wir »kleine« Zufälle überhaupt nicht wahr oder messen ihnen keine größere Bedeutung bei. Das ist völlig in Ordnung. Häufen sich jedoch Zufälle mit dem gleichen Themenhintergrund und nimmt deren Intensität im Laufe der Zeit zu, sollten wir der Sache auf den Grund gehen. Falls wir noch immer nicht adäquat auf das hinter dem Ereignis liegende Thema reagieren, wird die Botschaft zwangsläufig massiver an uns herangetragen. Nach dem Motto wer nicht hören will, muss fühlen. Reicht die Krankheit nicht aus, muss dasselbe Thema vielleicht mit Hilfe eines Autounfalls verdeutlicht werden. Solange bis der Betroffene sich dem Thema annimmt und es in sein Bewusstsein dringt.

Wir können uns positive Ereignisse ausmalen. Wir wollen reich werden - kein Problem! Wir wollen den Mann oder die Frau fürs Leben finden - ebenfalls kein Problem! Träumen wir, und am besten richtig.

Je schöner und realistischer wir uns die Zukunft herbei denken, umso schneller wird sie eintreffen. Ob wir auf dem richtigen Weg sind, zeigen uns die Ereignisse in unserer Umgebung. Oftmals sind es genau die »kleinen« Zufälle und Zufälligkeiten, die uns zeigen, wo es langgeht. Falls wir uns von den gesetzten Zielen entfernen, erhalten wir Hinweise in Form von Zufällen, die uns auf den rechten Weg zurückführen.

Wir können diese Ereignisse durchaus mit unseren Zielen in Verbindung bringen. Nehmen wir uns einfach die Freiheit anders zu denken, anders zu sein.

Dein Coach

- Zufälle, die uns emotional berühren sind besonders wichtig.

- Ereignisse und Zufälle lenken unsere Aufmerksamkeit auf Themen, die uns bewusst werden sollen.

- Zufälle sind Chancen. Sie zeigen, wie wir unsere Ziele bestmöglich erreichen.

4   Wünsch dir was - Ereignisse herbeizaubern

Können wir unsere Zukunft selbst erschaffen oder sind wir dem Schicksal mehr oder weniger hilflos ausgeliefert? - Dieser Frage sind schon viele berühmte Persönlichkeiten nachgegangen, wie zum Beispiel C. G. Jung in seiner These vom Kollektiven Unbewussten. Wann überlagert das kollektive Schicksal das der Einzelperson? Sterben bei einer Naturkatastrophe zahlreiche Personen hat dies nicht ein einzelner Mensch zu verantworten. Und doch ist es kein Versehen des Schicksals, wer sich gerade an diesem Ort aufhält.

Mit Sicherheit setzen Gedanken Energien frei, die wir uns unbedingt zunutze machen sollten. Mit ihrer Hilfe können wir Ereignisse anziehen und deren Ausgang in unserem Sinne steuern. Und das Beste daran, dieses Mittel ist äußerst effektiv. Positive Gedanken ziehen positive Ereignisse nach sich. Die Kehrseite ist folglich, negative Gedanken ziehen negative Ereignisse nach sich. Das Gesetz der Anziehung oder das Resonanzgesetz wirkt immer und überall. Es kümmert sich nicht darum, ob wir positiv oder negativ denken, es wird uns die entsprechende Einlösung in Form eines »passenden« Ereignisses bringen. Achten wir also darauf, mit welchen Gedanken wir uns beschäftigen.

Machen wir uns Sorgen am Arbeitsplatz und denken, welche Probleme auf uns zukommen könnten, dürfen wir uns nicht wundern, wenn genau diese eintreffen. Das Universum reagiert manchmal schneller als einem lieb ist. Oftmals fühlen wir uns in unserer Prognose noch bestätigt, »habe ich doch gleich gewusst, dass das schief gehen wird.« Mit solchen Aussagen verstärken wir die negative Ereigniskette. Prompt folgt die nächste böse Überraschung.

Wir sollten nach Möglichkeit immer an einen erfreulichen und erfolgreichen Verlauf unseres Vorhabens oder Wunsches denken. Malen wir uns lieber das kommende Ereignis in schillernden, bunten Farben aus. Der Traumpartner, wie er uns quasi in die Arme läuft. Wie uns ein netter Herr den fetten Scheck über den lang ersehnten Millionengewinn in die Hände drückt. Leider wird es in den meisten Fällen nicht so ablaufen. Die Realität sieht häufig anders aus. Frustriert und in einem gefühlsmäßigen Tief geben dann viele ihre Wünsche ans Universum auf. »Das Universum muss jetzt endlich auf mich hören und meinen Wunsch einlösen, je schneller desto besser.« Gemäß dem Resonanzgesetz werden sie stattdessen vermutlich den nächsten Schicksalsschlag hinnehmen müssen. Denn im Grunde ihres Unterbewusstseins hegen sie tiefe Zweifel, ob ihre Bestellung überhaupt beim Universum ankommt und gehört wird.

Inwieweit wir mit Hilfe des Resonanzgesetzes unseren Zielen und Wünschen näher rücken, erkennen wir anhand der eingetroffenen Zufälle und Ereignisse in unserer Umgebung. Weisen diese in die gewünschte Richtung, dann können wir diese ruhig als Bestätigung nehmen und weiter den eingeschlagenen Weg verfolgen. Sollten jedoch die eingetroffenen Zufälle in die gegenteilige Richtung zeigen, sollten wir überlegen, Korrekturen in unseren Handlungen und Gedanken vorzunehmen. Das ist die Chance, die in Zufällen und Ereignissen steckt. Erkennen wir die Zeichen und Hinweise, können wir sofort großen Nutzen daraus ziehen und aus scheinbaren Fehlern später einen Gewinn verbuchen.

Klar ist, wir können nicht ständig nur mit positiven Bildern in der Welt umherlaufen. Auch negative Gefühle gehören zu uns und wollen gelebt werden. Verdrängen wir sie, tauchen sie ab in unser Unterbewusstsein und werden zu einem unserer Schattenthemen. Möchten wir zum Beispiel mit allen Arbeitskollegen ein gutes Verhältnis haben und meiden deshalb jeglichen Konflikt, kommt das Thema durch die Hintertür zu uns zurück. Möglicherweise, indem wir von Kollegen gemobbt werden, oder uns mit einem streitsüchtigen Vorgesetzten auseinandersetzen müssen. Das Thema Konfliktbewältigung drängt aus dem Schatten ans Licht, ob es uns gefällt oder nicht.

Je mehr Schattenthemen wir im Laufe der Zeit anhäufen, umso größer die Wahrscheinlichkeit, dass sie sich eines Tages Gehör verschaffen in Form eines Zufalls. Wer mehr zum Thema »Schattenarbeit« erfahren will, sollte das empfehlenswerte Buch »Das Schattenprinzip« von Rüdiger Dahlke lesen.

Ein selbständiger Unternehmensberater wollte eine neue Geschäftsidee vermarkten und hatte zwei Möglichkeiten. Entweder er fand einen Investor, der ihm das Startkapital für die Umsetzung lieferte oder er musste sie selbst angehen. Letzteres hatte den Nachteil, seine Geschäftsidee nur sehr langsam verwirklichen zu können, weil er zusätzlich seiner bisherigen Tätigkeit nachgehen musste, um den eigenen Lebensunterhalt zu finanzieren. Also suchte er lieber nach einem zahlungskräftigen Investor.

Diese Suche erstreckte sich über mehrere Jahre, denn es wollte sich einfach kein Investor für das Projekt finden. Der Unternehmensberater lief sich die Füße wund, hetzte von einer Präsentation zur anderen. Solange bis er sich *zufällig* den Fuß brach. In seiner Bewegungsfreiheit stark eingeschränkt, gönnte er sich notgedrungen eine längere Auszeit. In dieser Phase fasste er den Entschluss, nicht länger nach einem Investor zu suchen, sondern sein Projekt Schritt für Schritt umzusetzen. Kurz nach seiner Genesung stellten sich plötzlich erste Erfolge ein. Er erhielt einen lukrativen Auftrag im Rahmen seiner bisherigen Tätigkeit und fast zeitgleich meldete sich ein Finanzgeber für seine neue Geschäftsidee.

Das Beispiel zeigt, ein auf den ersten Blick »schlechtes« Ereignis kann für uns durchaus positive Konsequenzen haben, wenn wir bereit sind, das dahinter liegende Thema zu bearbeiten. Der gebrochene Fuß weist auf das *Zuviel* in den Bewegungen hin, die durch den Bruch zwangsweise korrigiert und somit reduziert wurden. Seine gedankliche Abkehr, einen Investor suchen zu müssen, hatte die berufliche Stagnationsphase aufgehoben. Vermutlich waren über die Jahre seine Zweifel stetig gewachsen, jemals einen Investor finden zu können. Das Resonanzgesetz lieferte ihm exakt die Resultate, mit denen er sich gedanklich beschäftigte.

Negative Gefühle und Gedanken gehören zu uns und wir sollten sie keineswegs unterdrücken. Dennoch sollten sie uns nicht überwältigen und unser komplettes Leben bestimmen. Ständiges Grübeln, warum dies oder jenes nicht oder gerade doch eingetroffen ist, sollten wir vermeiden. Lenken wir unsere Gedanken vielmehr auf positive Ereignisse in der Vergangenheit oder träumen wir von einer glücklichen Zukunft, um uns aus einer düsteren Stimmung zu befreien. Anschließend kommen wir zurück in die Gegenwart und machen das, was getan werden muss.

Wie können wir nun am besten die gewünschten Ereignisse herbeizaubern? Die Literatur gibt hier einige Antworten, u. a. ist hier das Buch »Bestellungen beim Universum« von Bärbel Mohr zu nennen. Dieser kosmische Bestellservice funktioniert, hängt aber stark von der Kraft unserer eigenen Imagination ab. Haben wir Zweifel an der Einlösung unseres Wunschs, wird dieser sich vermutlich in Luft auflösen. Zweifel sind immer der Erfolgskiller Nummer eins. Wir können uns das schönste und tollste Ereignis vorstellen, sobald unsere Handlungen gegenteilig ausfallen, können wir uns getrost von unserem Wunsch verabschieden. Wenn schon Bestellungen ans Universum, dann nur solche, an die wir auch glauben.

Hierzu ein Beispiel: Stellen wir uns vor, wir wollen unbedingt unsere bisherige Wohnung verkaufen. Diese ist nicht besonders schön und obendrein noch auf dem Lande, wo es genügend weitere Angebote gibt. Mit Hilfe unserer Imagination stellen wir uns vor, dass wir gerade mit dem potentiellen Käufer beim Notar sitzen und er den Kaufvertrag unterzeichnet. Alles schön und gut! Nun geht es ans Handeln. Wir geben eine Anzeige in der lokalen Zeitung auf. Im Anzeigentext schreiben wir, die Wohnung ist zum Preis XY zu verkaufen oder unter Umständen auch zu vermieten. Denn es ist uns in den Sinn gekommen, falls sich kein Käufer findet, die Wohnung zu vermieten, sozusagen als zweitbeste Lösung. Mit dieser rationalen Handlungsweise sagen wir unserem Wunsch, das

Haus zu veräußern, Lebewohl. Zweifel zerstören unsere Träume. Also hören wir auf damit. Lassen wir unsere Visionen am Leben.

Gemäß dem Gesetz des Ausgleichs sollten wir uns Gedanken machen, was wir für die Wunscherfüllung bereit sind, zu geben. Ein Geben und Nehmen stellt die erforderliche Balance her.

Gibt es eine Art Rezept wie wir die gewünschten Ereignisse herbei denken können? – Ja, so etwas gibt es tatsächlich. Der Tarot nennt sie die magischen vier Werkzeuge. Wer diese beherrscht, dem sollen sich materielle und geistige Reichtümer erschließen. Mit den magischen vier Werkzeugen sind die vier Elemente, Feuer, Wasser, Luft und Erde, gemeint. Im Tarot werden sie durch den Stab, Kelch, Schwert und Münze symbolisiert. Das Feuerelement stellt im Grunde die zündende Idee dar, der göttliche Funke sozusagen. Jeder Mensch ist in der Lage Neues zu schaffen, dank seiner Inspiration. Ein Gedanke wird in uns geboren und bildet immer den Ausgangspunkt.

Danach gilt es, diesen Gedanken emotional aufzuladen. Unsere Gefühle sind eine starke Energie, die durch das Wasserelement symbolisiert wird. Jeder, der liebt oder hasst, weiß, welche Energien hierdurch frei gesetzt werden.

Die dritte Stufe ist dem Luftelement zugeordnet. Hier geht es darum, sein Vorhaben zu konkretisieren, in dem wir Pläne schmieden, Pläne wie wir unsere Vision im Einzelnen umsetzen wollen. Je detaillierter wir die einzelnen Schritte planen, umso eher gelingt uns die Verwirklichung der Idee. Für unsere Umgebung ist diese entscheidende Phase bereits sichtbar und oftmals tauchen gerade jetzt Widerstände auf. Personen versuchen uns möglicherweise Steine in den Weg zu legen, aus welchen Gründen auch immer. Wir sollten uns davon jedoch nicht beirren lassen.

In der vierten und letzten Phase, dem Erdelement, wird sich nun unsere Hartnäckigkeit auszahlen. Das gewünschte Ereignis tritt ein. Unsere Vision wird in der äußeren Welt Wirklichkeit.

Alle vier Ebenen sind gleichberechtigt. Scheitern wir auf nur einer Ebene, missglückt vermutlich das gesamte Unternehmen. Während dem Verlauf dieser vier Phasen können Ereignisse auftreten, die uns darauf aufmerksam machen, was wir während des Prozesses beachten sollten oder was uns vielleicht entgangen ist. Manchmal mögen uns die Zufälle davor warnen, weiter in die eingeschlagene Richtung zu gehen. Wenn wir jedoch offen die Ereignisse und deren Themen betrachten, erhalten wir den roten Faden, der uns den Weg zum Ziel weist.

Wann die Einlösung unserer Ziele schlussendlich stattfindet, hängt von uns selbst ab. Je nachdem, ob wir uns für den direkten Weg entscheiden oder einige Umwege einlegen. Wahrscheinlich machen wir zwischendurch sogar Pausen, um uns und unsere Ideen neu aufzuladen. Wir sollten uns nicht verrückt machen und Gelassenheit an den Tag legen. Der Kosmos hat seine eigene Zeitrechnung und wir können nicht jede Ereigniskette und deren Bedeutung für uns sofort überblicken.

Dein Coach

➤ Mit dem Gesetz der Anziehung, auch Resonanzgesetz genannt, sind wir in der Lage Ereignisse herbeizuführen.

➤ Zufälle sind Wegweiser, die uns aufzeigen, ob wir uns auf dem richtigen Weg befinden.

➤ Denken und Handeln wir unseren Zielen entsprechend konform. Zweifel zerstören unsere Wünsche.

➤ Die Umsetzung unserer Vision kann in vier Phasen eingeteilt werden. Idee, Emotion, Planung und Manifestation.

5 Reich werden ist einfach…

aber reich bleiben ist schwer. Mit Reichtum ist sowohl materielle als auch geistig-seelische Fülle gemeint. Wir entscheiden uns in beiden Fällen, bewusst oder unbewusst, für oder wider Reichtum. »Stopp«, werden einige Leser jetzt sagen, »ich möchte doch reich werden und arbeite entsprechend hart dafür.« Nein, nicht unbedingt. Zumindest nicht im Sinne der Lebensgesetze. Wir machen Fehler auf dem Weg zu Fülle und Reichtum. Das ist menschlich, notwendig und völlig in Ordnung. Aus unseren Fehlern können wir jedenfalls eine Menge lernen. Sichtbar werden sie durch Zufälle, die mit ihrem Überraschungseffekt unser Leben erst spannend machen. Manchmal mehr Überraschung als uns lieb ist!

Zufälle enthalten Botschaften an uns. Erkennen wir diese, können wir konkrete Rückschlüsse auf unser Leben, auf unser Denken und Handeln ziehen und das ist natürlich ein großer Vorteil für uns. Wir erhalten durch die Zufälle ein ständiges Coaching. Ein Coaching, das darauf ausgerichtet ist, unseren Zielen Schritt für Schritt näher zu kommen.

Das passiert quasi automatisch, wir brauchen nichts Außergewöhnliches hinzufügen. Ein tolles Prinzip! - Aber was nützt das beste System, wenn wir es nicht verstehen. Die »Zufallssprache« ist uns nicht geläufig und wir müssen hierfür erst ein Gespür entwickeln.

Häufig stehen die Zufälle nicht in einem direkten kausalen Zusammenhang zu unserem Tun und dennoch sind sie Folge von unserem Denken und Handeln. Astrologen sprechen in diesem Fall von Synchronizität und nutzen zur Erklärung von Ereignissen häufig das Analoge Denksystem. Hierzu lesen sie anhand der momentanen Gestirnkonstellation archetypische Prinzipien ab, Mars steht z. B. für Durchsetzung und Aggressivität, Mond für Emotion. Diese Prinzipien bringen sie dann mit aktuellen Ereignissen der Person in Zusammenhang. Dass diese Synchronizitäten tatsächlich funktionieren, können wir mit jedem eingetretenen Ereignis selbst prüfen. Wir forschen nach dem Prinzip hinter dem Zufallsereignis und bringen dieses mit unserem Denken und Handeln in der Vergangenheit bewusst in Verbindung. Nehmen wir an, Kurt wurde auf dem Zebrastreifen angefahren, weil er von einem Autofahrer in der Dämmerung übersehen wurde. Das Prinzip hinter dem Vorfall ist das »Nicht-

Wahrgenommen-Werden«. Kurt könnte sich nun überlegen, ob er in seinem Leben schon öfters übersehen wurde bzw. andere übersehen hat. Vermutlich ist dieses Prinzip bei Kurt momentan nicht im Gleichgewicht. Er sollte nun die Harmonie in diesem Bereich wieder herstellen.

Wir sollten nicht den Fehler begehen und lange grübeln, warum dieses oder jenes Prinzip stimmig ist. Gescheiter ist es, daraus seinen persönlichen Nutzen zu ziehen. Das Gesetz der Anziehung, das Resonanzgesetz, haben wir bereits kennen gelernt. Mit seiner Hilfe können wir leichter unsere Ziele erreichen, zu Reichtum gelangen oder was immer wir uns wünschen.

Ein Kollege von mir spekulierte gerne und häufig an der Börse. Er träumte von einem Haus am See, von schnellen, eindrucksvollen Sportflitzern, kurzum von einem Leben in Saus und Braus. Im Laufe der Zeit gelangen ihm tatsächlich einige äußerst erfolgreiche Transaktionen. Dank seiner immensen Gewinne konnte er sich ein schönes, villenähnliches Anwesen leisten. Das Resonanzgesetz verrichtete seine Arbeit zu seiner vollen Zufriedenheit. Der Kollege kündigte seine Arbeitsstelle und wollte nunmehr ausschließlich von seinen Börsengeschäften leben.

Wie der Zufall es wollte, liefen wir uns nach einigen Jahren in einer belebten Einkaufsmeile wieder über den Weg. Während ich auf der Suche nach neuen Businesshemden war, bettelte mein Ex-Kollege die Passanten um einige Münzen an. Was war geschehen? - Er hatte sein komplettes Vermögen verspekuliert. Innerhalb weniger Monate war er vom reichen Börsenguru zum armen Schlucker mutiert. Was hatte er falsch gemacht?

Damit uns nicht das gleiche Schicksal widerfährt, sollten wir das Polaritätsgesetz kennen und es verstehen lernen. Es geht davon aus, dass es zu jedem Pol einen Gegenpol gibt, jede Seite eine Kehrseite hat. Zum Beispiel hat Licht als Gegenpol die Dunkelheit, wie der Tag die Nacht. Beide Pole bilden immer eine Einheit. Der eine Pol kann ohne den anderen nicht existieren. Folglich gibt es Glück nur, wenn es auch Unglück gibt. Eine Vorstellung, die uns sicherlich nicht immer leicht fällt bzw. behagt.

Das Polaritätsgesetz besagt, eine Einheit besitzt zwei gleichwertige Pole, die im Gleichgewicht zueinander stehen. Wird ein Pol nicht oder nur wenig gelebt, kommt es zu einem Ungleichgewicht. Kraft des Polaritätsgesetzes muss dieses Ungleichgewicht beseitigt und die Harmonie wieder hergestellt werden. Zufälle weisen uns dezent oder massiv auf diesen Umstand hin, je nachdem wie schwer die Harmonie bereits gestört ist, Wir haben nun die Wahl, freiwillig die Korrektur vorzunehmen und den »vergessenen« Pol in unser Leben zu integrieren oder wir überlassen es dem Schicksal. Letztere Möglichkeit ist bequem, jedoch mitunter sehr schmerzhaft. Es liegt an uns, welche Methode wir vorziehen.

Am Beispiel »Geben und Nehmen« kommt das Polaritätsgesetz am deutlichsten zum Ausdruck - zumindest für diejenigen unter uns, die nach materiellem Reichtum streben. Stellen wir uns vor, wir möchten in der Lotterie den Jackpot abräumen. Stellen wir uns weiter vor, wir stünden auf einer Wippe und zwar genau in der Mitte. Auf dem einen Ende der Wippe ist mit schwarzen Lettern »Nehmen« ins Holz eingebrannt, auf dem anderen Ende »Geben«. Die Wippe befindet sich momentan im Gleichgewicht. Dank dem Resonanzgesetz wird unser gewünschter Lotteriegewinn, ein Koffer mit Goldbarren, alsbald auf das Ende »Nehmen« gelegt. Das hat zur Folge, dass die Wippe ins Ungleichgewicht gerät, weil auf der Gegenseite »Geben« kein entsprechendes Gegengewicht liegt. Gemäß dem Polaritätsgesetz wird dieses Ungleichgewicht nicht lange bestehen bleiben und ein Ausgleich herbeigeführt. Was bedeutet das nun für uns? - Es gibt zwei Möglichkeiten, den Ausgleich wieder herzustellen. Die eine ist, wir legen etwas auf das Wippenende »Geben«, z. B. könnten wir Bedürftigen einen Geldbetrag schenken. Die zweite Variante, den Ausgleich herzustellen, ist die, den Koffer mit Gold am anderen Ende der Wippe wieder wegzunehmen. Eine Vorstellung, die nicht in unserem Interesse liegen dürfte. Also entscheiden wir uns lieber für die erste Variante dem Geben. Der Ausgleich wird so oder so wieder hergestellt, von uns oder vom Schicksal.

Je größer der Betrag ist, den wir gewinnen wollen, umso stärker bewegen wir uns auf das Nehmen zu und umso stärker sollte auch das Geben ausfallen. Vielleicht haben wir auch von vornherein einiges auf die Waagschale »Geben« gelegt, dann ist der Ausgleich nur noch eine Zeitfrage.

Jeder Mensch verfügt über ein intuitives Wahrnehmungsvermögen. Anhand der Ereignisse und Zufälle in unserer Umgebung spüren wir ziemlich genau, ob und wann welche Unternehmungen günstig sind. Oftmals erreichen wir dann mit spielerischer Leichtigkeit die gesetzten Ziele. Manchmal gibt es jedoch Phasen der Stagnation. Hier wäre es günstiger, sich eine Pause zu gönnen und Rückblick zu halten, auf das, was wir bereits erreicht haben. Solche Zeiten der Ruhe eignen sich auch gut, neue Kraft aufzutanken und seine Ziele zu überdenken. Heutzutage haben viele von uns das Gespür verloren, auf die eigene innere Stimme zu hören. Ebenso wichtig ist es, die Intuition für den richtigen Augenblick wieder zu entwickeln, Chancen als solche wieder wahrzunehmen. Betrachten wir deshalb aufmerksam die Zufälle um uns herum, wann sie eintreten, welches Thema sie bei uns ansprechen und was wir daraus ableiten können. Je mehr wir diese Prozesse verfolgen, umso besser schulen wir unsere Intuition.

Jeder kennt das Gefühl, wenn uns plötzlich Flügel wachsen und wir uns in die Lüfte schwingen - fast wie Supermann oder Superwoman. Wir spüren in diesem Augenblick, wir können alles erreichen wovon wir träumen, wenn wir nur wollen. Das Gefühl ist so präsent, so real, dass es keineswegs eine bloße Illusion ist. Dieses Gefühl setzt gewaltige Energien frei, die sich günstig für die Zielerreichung auswirken. Folglich sollten wir öfter in dieser Stimmung sein. Das Gesetz der Dreiheit besagt, durch die Verbindung zweier Kräfte entsteht nicht nur eine additive Energie, sondern eine neue Kraft mit noch höherem Energielevel. Bei der Vereinigung eines Liebespaares ist das zum Beispiel der Fall.

Umgekehrt kann uns das Zusammentreffen mit anderen Personen auch Energie entziehen, insbesondere wenn sie uns nicht wohl gesonnen sind. Wir fühlen uns nach solchen Zusammenkünften oft erschöpft und ausgelaugt. Es gibt Menschen, die unsere Vorhaben nicht verstehen, unsere Zweifel schüren und uns letztlich schaden, selbst wenn sie vorgeben unser Bestes zu wollen. Schützen wir uns davor, indem wir ihnen kein Gehör schenken. Meiden wir diese Menschen, die uns Misserfolg prophezeien und Energie abziehen.

Im Gleichgewicht zu sein heißt, die Verantwortung für sein Handeln und Denken voll und ganz zu übernehmen. Wir geben nicht widrigen Umständen oder anderen Menschen die Schuld, falls unsere Projekte scheitern. Andernfalls räumen wir ihnen Macht über unser Leben ein und degradieren uns selbst zum Opfer. WIR sind der Steuermann unseres Schicksals und zwar Tag für Tag. Erst wenn wir das wirklich begreifen, befinden wir uns auf dem Weg zur inneren Balance. Im Gleichgewicht sein, heißt im Lebensfluss sein. Die Lebensenergie strömt dann mit voller Kraft in Richtung unserer Ziele. Verschwenden wir nicht unsere Energie, um sich mit Nachbarn zu streiten oder mit dem Chef aussichtslose Machtkämpfe zu führen. Vielmehr sollten wir unsere Mitmenschen als Erfüllungsgehilfen sehen, die uns die Chance geben, unsere Schattenseiten anzunehmen und somit ins Gleichgewicht zu kommen.

Dein Coach

➢ Das Resonanzgesetz löst unsere Wünsche ein. Das Polaritätsgesetz sorgt für den Ausgleich zweier Pole und für Beständigkeit. Beide gilt es zu leben.

➢ Zufälle spiegeln diese Gesetze wider. Ereignisse zeigen dir, inwieweit du im Gleichgewicht bist.

➢ Aus der Verbindung zweier Kräfte kann eine neue dritte Kraft mit höherem Energielevel entstehen. Du kannst sie für die schnellere Zielerreichung nutzen.

➢ Übernimm für deinen Erfolg und Misserfolg die volle Verantwortung. Damit wirst du zum Steuermann deines Schicksals.

6   Du bist ein Gewinner

In den vorangegangen Kapiteln haben wir erfahren, Zufälle enthalten Botschaften für uns. Nicht für unseren Nachbarn, Kollegen, auch nicht für unseren Partner, sondern speziell für uns sind die Zufallsbotschaften gedacht. Wir dürfen nicht den Fehler begehen und die Verantwortung den anderen in die Schuhe schieben. Ansonsten besteht die Gefahr, falsche Schlussfolgerungen zu ziehen.

Hierzu ein Beispiel aus dem Leben. Ein junger Student bestellt bei einem Händler im Internet einige Flaschen Parfum, die er später zu einem höheren Preis weiterverkaufen möchte. Mit diesem Geschäft möchte der Student sein knappes Haushaltsbudget aufbessern. Der Händler verlangt Vorauskasse, was im Internet durchaus üblich ist. Der Händler bittet ihn, den Betrag auf sein Konto bei der Bank zu überweisen, anschließend würde er ihm die Ware senden. Der Student nimmt die Zahlung vor, doch diese trifft beim Verkäufer nicht ein. Dieser mahnt daraufhin den Studenten an, der wiederum feststellt, dass die angegebene Kontonummer des Händlers falsch ist und deshalb die Zahlung nicht ausgeführt werden konnte. *Zufällig* war dem Händler bei der Übermittlung seiner Kontonummer ein Fehler unterlaufen. Er schickt dem Studenten die korrekten Kontodaten und dieser zahlt. Vermutlich wartet der Student bis heute noch auf seine Ware, denn der Internethändler entpuppte sich als Betrüger, der auf Kosten anderer seinen Lebensunterhalt »verdiente«.

Im vorliegenden Beispiel wäre es für den Studenten einfach zu sagen, der Internethändler sei an allem schuld. Dieser hat in betrügerischer Absicht seine Naivität ausgenutzt und seinen erlittenen Verlust zu verantworten. Was aus rechtlicher Sicht unbestritten ist. Doch damit würde sich der Student in die Opferrolle begeben. Vielleicht zieht er aus der Geschichte die Lehre, bei Internetgeschäften in Zukunft vorsichtiger zu sein. Diese Erfahrung ist ihm sicherlich auf seinem weiteren Lebensweg hilfreich, um andere Betrügereien leichter durchschauen zu können und doch entgehen ihm zusätzliche Erkenntnisse.

Der Zufall hat ihm mit der falsch übermittelten Kontonummer des Händlers die Chance gegeben, aus dem Geschäft noch verlustfrei auszusteigen. Diese Warnung hat er zu diesem Zeitpunkt als solche nicht erkannt. Sie weist ihn darauf hin, das geplante An- und

Verkauf-Geschäft mit dem Parfum neu zu überdenken. Lenkt es ihn womöglich zu sehr von seinem Studium ab? Was will er tatsächlich damit erreichen, steckt mehr dahinter als ein lukratives Zusatzeinkommen? Vielleicht der Wunsch Unternehmer zu sein? Wir wissen es nicht, weil wir seine persönliche Geschichte und seine Ziele nicht kennen. Sie dagegen wissen auf viele ihrer Fragen bereits die Antwort.

Ein und dasselbe Ereignis kann zum Beispiel bei der einen Person das Thema »Durchsetzung« ansprechen, bei einer anderen das Thema »Geduld«. Das bedeutet, wir sollten in uns hineinhorchen, was wir mit dem Zufall emotional verbinden. Welches »Schattenthema« verbirgt sich hinter dem Ereignis? Die Gedanken, die uns kommen und an die Oberfläche drängen, beinhalten wichtige Erkenntnisse für uns. Stellen wir uns der Realität, auch wenn sie hart sein mag, und beschäftigen wir uns mit ihr und damit mit uns selbst. Stehen wir ruhig zu unseren Schwächen und Stärken, sie gehören zu uns.

Manchmal sind wir vielleicht geneigt, den Zufall zu leugnen, nach dem Motto: »Ich bin nur wenig oder gar nicht von dem Ereignis betroffen. Mich tangiert das Geschehene nur am Rande, der andere ist bestimmt gemeint.« Mit dieser Argumentation schieben wir die Verantwortung ab und projizieren sie auf die Mitmenschen, die am Ereignis beteiligt sind. Intuitiv spüren wir schon, dass der Zufall zu uns gehört und diese Trainingseinheit dürfen wir uns nicht entgehen lassen. Der Zufall will uns coachen, also worauf warten wir noch.

Bei der Entschlüsselung von Zufällen hilft uns das Denken in Analogien oft weiter. Erinnern wir uns an das Beispiel mit dem selbstständigen Unternehmensberater, der sich den Fuß gebrochen hatte. Durch dieses Ereignis war seine Bewegungsfreiheit stark eingeschränkt und er zu einer Zwangspause verurteilt. Den gebrochenen Knochen können wir leicht mit einem verwitterten Holz in Verbindung bringen, das im Laufe der Jahre seine Elastizität verloren hat und bricht, sobald mechanischer Druck ausgeübt wird. In beiden Fällen, Knochen und Holz, geht es um fehlende Flexibilität, um Anpassungsfähigkeit an die Umgebung. Unsere Füße haben die Aufgabe, uns von A nach B zu bewegen, uns zu tragen, uns einen sicheren Stand zu geben und zu erden. Hierzu kommen uns verschiedene Bilder in den Sinn, mit deren Hilfe wir vom eigentlichen Ereignis auf unsere persönliche Situation schließen können. Ob der Unternehmensberater nun mit dem Thema »Sicherheit« oder eher mit dem Thema »Bodenständigkeit« konfrontiert wird, weiß nur er am besten.

Analoges Denken meint, über den gewohnten Tellerrand hinauszuschauen und bisher verborgene Zusammenhänge zu entdecken. Durch den Zufall sollten wir uns fragen, welche Lebensthemen bei uns angesprochen und integriert werden wollen. Mut zur realistischen Selbsteinschätzung ist hierfür notwendig. Der Unternehmensberater lief lieber geschäftig von einem Investor zum anderen, anstatt in Ruhe über sich und seine Situation nachzudenken. Solange bis der gebrochene Fuß ihn zur Selbsterkenntnis führte.

Zufälle kommen in allen erdenklichen Lebensbereichen vor, sei es im Beruf, in der Partnerschaft, in der Familie, im Bereich Finanzen oder der Gesundheit. Die Ausprägung der einzelnen Ereignisse mag völlig unterschiedlich sein, doch allen ist eins gemein. Es steckt immer ein Thema dahinter, das uns persönlich angeht, dieses können wir ins Bewusstsein holen und damit unseren Zielen wesentlich näher kommen.

Selbst in einem vermeintlich »negativen« Zufall schlummert eine Erkenntnis, die möglicherweise der Grundstein für unseren nächsten Erfolg sein kann. Machen wir uns auf die spannende Suche, mehr über uns zu erfahren. Auf dem Weg dahin werden wir so manche Überraschung erleben. Schattenseiten mögen uns erschrecken oder gar schockieren, sind jedoch ein wichtiger Bestandteil von uns. Genau sie sorgen dafür, dass wir tatsächlich WIR sind und nicht in der gleichmachenden Masse untergehen. Wir wollen *unser* Leben leben und nicht das der anderen.

Dein Coach

➢ Sei möglichst du selbst, mit all deinen Schattenseiten.

➢ Das Denken in Analogien hilft dir bei der Entschlüsselung von Zufällen.

➢ Jeder Zufall hat für dich seine ganz individuelle Bedeutung.

7 Loslassen und Chillen

Jedes Jahr reist ein indischer Zen-Meister und Jesuitenpater nach Europa, um Seminare zu geben und zusammen mit seinen Schülern zu meditieren. Mit Vergnügen benützt er das deutsche Wort »Gelassenheit« und spricht es so aus, dass man förmlich spürt wie der Ballast von einem abfällt. Gelassenheit gibt uns inneren Frieden und führt uns ins Gleichgewicht. Wir fühlen uns selbst und mit dem Schicksal im Reinen.

Jeder kennt Situationen, in denen man glaubt, die ganze Welt habe sich gegenüber der eigenen Person verschworen. Nichts klappt! Man kann machen was man will, aber es geht einfach nichts voran. Häufig ist unsere Antwort darauf blinder Aktionismus. Kam ich früher zum Beispiel in einen Verkehrsstau, wurde sofort mit dem Navigationssystem oder der Straßenkarte nach Ausweichrouten gesucht. Allein schon die Vorstellung, nur still dasitzen zu müssen und womöglich stundenlang die Stoßstange des Vordermanns vor Augen zu haben, machte mich schrecklich nervös.

Meine Gelassenheit wurde in meinem letzten Italienurlaub extrem auf die Probe gestellt, als ich von der Toskana bis Mailand in einem einzigen Megastau landete. Stundenlanges Stopp-and-Go zerrte an meinen Nerven. Sei gelassen, forderte ich mich auf und sprach das Wort »Gelassenheit« mehrmals innerlich vor mich hin. Zeit hatte ich wahrlich im Überfluss. Je länger der Stau dauerte, umso mehr gelang es mir loszulassen und die Situation anzunehmen. Am Ende konnte ich dem Ereignis sogar Positives abgewinnen.

Es ist also ganz entscheidend, wie wir eine Situation betrachten und mit ihr umgehen. Sehen wir vieles negativ, ziehen wir gemäß dem Resonanzgesetz erst recht Negatives an. Denken wir dagegen an die positiven Seiten, die das Ereignis mit sich bringt, können wir die Wirkung für uns entschärfen. Sobald wir im Gleichgewicht sind, entspannen wir uns und können die Lebensumstände besser annehmen. Wir fühlen uns nicht nur aktiver, sondern wir sind es tatsächlich auch. Loslassen und Gelassenheit bedeutet nicht Opfer und damit passiv zu sein, sondern vielmehr die Realität zu akzeptieren und aktiv die innere Balance herzustellen.

Die durch Zufälle ausgelösten Änderungen für uns und unser Leben können wir oftmals nicht überblicken. Ein Ereignis, das wir vielleicht als »schlecht« einschätzen, kann im nächsten Moment bereits ein Vorteil sein. Stellen wir uns vor, wir entdecken im Stellenmarkt einer Tageszeitung unseren lang ersehnten Traumjob. Den Job, den wir schon immer unbedingt haben wollten. Die Ausschreibung klingt spannend und die Stelle ist gut dotiert. Natürlich bewerben wir uns darauf. Auf dem Weg zum entscheidenden Vorstellungsgespräch bleiben wir mit unserem Auto liegen. Das rettende Handy natürlich zu Hause vergessen. Was passiert? Die Verspätung wird uns krumm genommen, und ein Mitbewerber erhält letztlich die Stelle. Wir könnten heulen und vor Wut ausrasten, die Schuld auf das blöde Auto schieben oder auf den Verkäufer, der uns die Mistkarre damals vor drei Jahren verkauft hat.

Kurzum wir können Gott und die Welt für den Zufall mit dem liegen gebliebenen Auto verantwortlich machen. Die andere Möglichkeit, wir zeigen Gelassenheit und Verantwortung, indem wir uns eingestehen, den Zufall selbst ausgelöst zu haben. Dies fällt uns sicherlich leichter, wenn wir uns bewusst machen, dass wir den weiteren Ausgang momentan nicht überblicken. Vielleicht treffen wir nach ein paar Monaten *zufällig* den Mitbewerber, der damals unseren Traumjob ergattert hat. Er erzählt uns, der Arbeitsplatz entspreche überhaupt nicht der Stellenausschreibung, das Arbeitsklima sei miserabel. Plötzlich sehen wir den Zufall mit dem liegen gebliebenen Auto in einem anderen Licht. Vielleicht hat es das Schicksal mit uns sogar gut gemeint. Wir haben das damalige Missgeschick abgehakt, uns erneut beworben und mittlerweile einen wirklich guten Job gefunden. Niemand hindert uns daran, Belastendes aus der Vergangenheit einfach loszulassen und zu »chillen«.

Um Lebensumstände und Situationen zu akzeptieren, so wie sie nun einmal sind, gehört Vertrauen. Vertrauen in die göttliche Ordnung. Diejenigen unter uns, die mit dem Ausdruck ein Problem haben, können es selbstverständlich so nennen, wie sie es möchten bzw. wie es für sie stimmig ist, zum Beispiel unendliche Weisheit, Kraft des Universums etc. Vertrauen und Gelassenheit bedeuten im Lebensfluss zu sein.

Dein Coach

- ➢ Lass los, wenn Du Frieden und Freiheit finden möchtest.

- ➢ Gelassenheit bringt dich wieder ins Gleichgewicht.

- ➢ Akzeptiere die Realität und vertraue auf die göttliche Ordnung.

- ➢ Deine positive Sichtweise ist entscheidend für den weiteren Verlauf einer Situation.

8   Der Zufall als Coach

Wie wir inzwischen gelernt haben, können wir den Zufall gut als Sparringspartner in allen Lebenslagen einsetzen. Er, als persönlicher Coach, zeigt uns, wo sich Chancen und Lösungen ergeben. Notfalls korrigiert er uns, wie es sich für einen pflichtbewussten Trainer gehört. Der Zufall als Coach spiegelt unser Denken und Handeln wider. Mit seiner Hilfe kommen wir unseren Zielen Tag für Tag ein Stück näher. Unser persönlicher Erfolg hängt von uns und unserem Trainer ab. Dafür ist es erforderlich, dass wir seine Sprache verstehen, ihm Vertrauen schenken und seinen gut gemeinten Ratschlägen folgen.

    Die folgende Zusammenfassung soll als Rückschau dienen, um das bisher Erlernte zu verinnerlichen. In den folgenden Kapiteln üben wir dann anhand von Beispielen die praktische Umsetzung.

Coaching:

Selbstverantwortlichkeit:

- Wir leben unser Leben und nicht das der anderen.
- Der Zufall trifft uns mit voller Absicht.
- Wir sind für das Ereignis verantwortlich.
- Zufälle resultieren aus unserem Denken und Handeln.

Thematik:

- Ereignisse und Zufälle weisen uns auf Themen hin, die in unser Bewusstsein dringen sollen.
- Das Denken in Analogien hilft uns bei der Entschlüsselung des Zufalls und seiner Thematik.
- Zufälle, die uns emotional stark ansprechen, sind besonders wichtig.

Lebensgesetze:

- Das Gesetz der Anziehung besagt, dass wir das Ereignis herbeiführen, mit dem wir in Resonanz gehen.
- Gemäß dem Polaritätsgesetz wird immer ein Ausgleich zwischen zwei Polen hergestellt.
- Beide Gesetze sollten wir für die Einlösung unserer Ziele einsetzen.

Erfolg:

- Zufälle sind Chancen und Wegweiser. Sie zeigen uns, wie wir unsere Ziele bestmöglich erreichen können.
- Die Umsetzung unserer Vision erfolgt in vier Phasen: Idee, Emotion, Planung und Umsetzung.
- Die positive Sichtweise ist entscheidend für den Verlauf einer Situation.
- Zweifel können unsere Wünsche zerstören, deshalb sollten wir unseren Zielen entsprechend konform denken und handeln.

Individualität:

- Jeder Zufall hat für uns seine ganz individuelle Bedeutung.
- Sei du selbst, mit all deinen Schattenseiten. Das macht dich zum Gewinner.

Inneres Gleichgewicht:

- Begegne schwierigen Situationen mit Gelassenheit. Sie bringt dich wieder ins Gleichgewicht.
- Akzeptiere die Realität und vertraue auf die »göttliche Ordnung«.
- Wäge ab und entscheide, wann es gilt zu Handeln oder Loszulassen.

9 Im Traumjob neu durchstarten

Ich kenne nur wenige Menschen, die ihren Beruf als echte Berufung sehen und ihn bewusst gewählt haben. Die Mehrheit geht mehr oder weniger begeistert morgens zur Arbeit, versucht den Tag möglichst schnell und »schmerzfrei« hinter sich zu bringen. Oftmals ist die einzige Motivation die Entschädigung am Monatsende in Form einer Überweisung auf unser Bankkonto. Geld, das wir für den primären Lebensunterhalt benötigen, in zweiter Linie für den exklusiven Karibik-Urlaub, das schicke Cabrio, um uns vom grauen Alltag abzulenken. Wäre es nicht sinnvoller, der wahren Berufung nachzugehen? Endlich das zu machen, was wir schon immer machen wollten?

Die Stimme der Berufung

Hartmut arbeitete als Sachbearbeiter bereits seit vielen Jahren in der Marketingabteilung eines pharmazeutischen Konzerns. Nach seinem BWL-Studium hatte er einst davon geträumt, erfolgreiche und originelle Werbekampagnen durchzuführen, um Produkte am Markt zu platzieren. Er wollte die Welt erobern mit seinen Ideen. Die Kommunikation und der Austausch mit den anderen Studenten begeisterten ihn. Er war meistens gut »drauf gewesen«. Nach seinem Studium heiratete er und bald darauf stellte sich Nachwuchs ein. Privat war er glücklich, beruflich steigerte sich jedoch die Unzufriedenheit von Jahr zu Jahr. Hartmut, inzwischen gerade vierzig geworden, fühlte sich müde und ausgelaugt. Statt großer Werbekampagnen gestaltete er Beipackzettel für Tabletten und andere medizinische Produkte des Unternehmens.

Wie der Zufall es wollte, wurde die Firma von einem ausländischen Investor aufgekauft und ein kompletter Geschäftsbereich aufgegeben. Hartmut und seine Kollegen erhielten ein großzügiges Abfindungsangebot. Auf seinem Weg nach Hause verpasste er seinen Anschlussbus, weil die S-Bahn Verspätung hatte. Er konnte eine halbe Stunde warten oder zu Fuß nach Hause gehen, was ungefähr die gleiche Zeit in Anspruch nehmen würde. Hartmut entschied sich für letztere Variante und spazierte in Richtung Stadtzentrum. Er grübelte über seine berufliche Situation. Was sollte er nun tun? Seinem Arbeitsplatz weinte er keine Träne nach, aber würde er wieder einen ebenso gut bezahlten Job finden? Sein Blick fiel plötzlich auf ein grünes Din-A4 Blatt am Fenster einer Kneipe. In großen Lettern stand dort »Pächter gesucht«. Warum sich nicht ein Feierabend-Bierchen genehmigen? Das hatte er sich schließlich verdient. Bald darauf kam er mit dem Wirt ins Gespräch. Von ihm erfuhr Hartmut die Ablösesumme des Lokals, die zufällig in etwa seiner Abfindung entsprach.

Heute ist Hartmut erfolgreicher Besitzer dieser Lifestyle-Bar. Mit Begeisterung plant er neue Events, beweist seine Kreativität und plaudert mit seinen zahlreichen Gästen. Er hat den damaligen Zufall für sich als Chance erkannt, ist über seinen Schatten gesprungen und hat gehandelt.

Zur Selbstständigkeit gezwungen

Manuela S. war mit den Nerven fertig, als sie zu mir in die Beratung kam. Sie hatte ihren Job als Buchhalterin hingeschmissen, weil sie die ständigen Sticheleien ihrer Chefin nicht länger ertragen konnte. Ihre Stimmung und ihre Psyche waren an einem Tiefpunkt angelangt, ihre Kräfte erschöpft. Sie hatte sich auf einige Stellenangebote beworben, aber die Absagen häuften sich. Sie wurde nur zu wenigen Vorstellungsgesprächen eingeladen, die alle ergebnislos endeten, was bei ihrer angeschlagenen Verfassung nicht verwunderte. Schließlich ziehen wir genau das an, womit wir uns beschäftigen.

Obwohl Manuela bereits vor zwei Monaten ausgeschieden war, hatte ihr bisheriger Arbeitgeber es versäumt, ihr das Arbeitszeugnis zu senden. Ein Zufall, der sich negativ in den Vorstellungsgesprächen auswirkte. Die Gesprächspartner nahmen ihr einfach nicht ab, dass ihr Zeugnis immer noch nicht vorlag. Schließlich sollte sie bei ihrer früheren Firma mehrere Jahre zur Zufriedenheit gearbeitet haben. Finanziell verschlechterte sich ihre Lage zunehmend. Manuela hatte selbst gekündigt und bekam von der Arbeitsagentur eine dreimonatige Sperrfrist aufgebrummt.

Das Schicksal schien sich gegen sie verschworen zu haben.

Meinem Ratschlag, das Positive der Situation wahrzunehmen, konnte sie verständlicherweise nur bedingt folgen. Sie gab ihrer ehemaligen Chefin die Schuld an ihrer jetzigen, scheinbar aussichtslosen Lage, da diese die Abgabe des Zeugnisses hinauszögerte. Nach einigen Sitzungen konnte ich sie überzeugen, die Verantwortung für die aktuelle Situation selbst zu übernehmen. Ihre Chefin war lediglich eine Erfüllungsgehilfin des Schicksals, das sie selbst herbeigeführt hatte.

Plötzlich machte es Klick bei Manuela und sie fing an zu überlegen, welche Möglichkeiten sich ihr nun boten. Die nette Bearbeiterin von der Arbeitsagentur hatte doch einen Gründungszuschuss im Falle der Selbstständigkeit erwähnt. Spontan kam ihr die Idee, ein Buchführungsbüro zu eröffnen. Warum nicht ihre eigene Chefin sein? Kurze Zeit später startete Manuela ihr eigenes Unternehmen. Am Tag der Geschäftseröffnung fand sie im Briefkasten ihr Arbeitszeugnis vor, das sie gelassen zu den Akten legte.

Skiunfall mit Folgen

In Großunternehmen gibt es manchmal Positionen, die ganz oder teilweise überflüssig sind. Das bedeutet, der Stelleninhaber ist nicht ausgelastet und muss sich den Tag über anderweitig beschäftigen. Diese ständige Unterforderung kann zum Boreout-Symptom führen. So erging es auch Sabrina E., Vollzeitkraft in der Abteilung Materialwirtschaft, die in der Regel nach vier Stunden ihr tägliches Arbeitspensum erledigt hatte. Anschließend langweilte sie sich mehr oder weniger, hielt mit den Kollegen hier und da ein Schwätzchen und träumte in Gedanken von ihrem nächsten Urlaub.

Im Grunde war sie mit ihrer beruflichen Situation sehr unzufrieden, aber eine Reduzierung auf eine Halbtagsstelle kam aus finanziellen Gründen nicht in Frage. Also schlug sie die Zeit lieber tot und sehnte sich den Feierabend herbei. Dann wollte sie endlich etwas erleben, mit Freunden gemütlich Essen gehen oder ihrem Hobby, dem Sport, frönen. Als begeisterte Skifahrerin wollte sie am Wochenende die Piste unsicher machen. Und so kam es dann auch. Sie stürzte unglücklich und brach sich das Kahnbein, ein Knochen der Hand. Der Arzt teilte ihr mit, die

Heilung dauere in der Regel zehn bis zwölf Wochen, und schrieb sie gleich für die ersten sechs Wochen krank.

Sabrina war nun zuhause auf sich allein gestellt. Sie hatte plötzlich viel Zeit, sehr viel Zeit. Denn sie konnte nicht mehr Autofahren, was das Ausgehen mit Freunden erschwerte. Sportliche Tätigkeiten wie Klettern würden auf unbestimmte Zeit ausfallen und ihr nagelneues Harley-Davidson-Motorrad setzte bereits Staub an. Sie nutzte die Zeit zum Nachdenken und die hatte sie zu Genüge.

Im Laufe der Wochen kam sie zu dem Ergebnis, ihr Leben grundlegend zu ändern. Als allererstes würde sie sich nach einem neuen Arbeitsplatz umschauen, der sie forderte und bei dem sie ihre Talente und Visionen einbringen konnte. Sabrina E. handelte, suchte nach Stellenangeboten im Internet und in der Zeitung. Sie bewarb sich bei einigen Firmen. Als ihre Hand nach drei Monaten endlich ausgeheilt war, erhielt sie die schriftliche Zusage über den gewünschten, neuen Job.

Der Zufall mit dem Skiunfall stellte sich im Nachhinein nicht als Unglück heraus, vielmehr als echter Glücksfall. Entscheidend war die Sichtweise von Sabrina E. und wie sie mit der Situation umging. Die gebrochene Hand zeigte ihr ziemlich deutlich, dass es höchste

Zeit zum Handeln war. Sicherlich brachte der Unfall einige Nachteile mit sich. Durch ihre positive Einstellung hat sie jedoch die nachfolgenden Ereignisse beeinflusst und zwar zu ihrem persönlichen Vorteil.

Erfolgreich im Beruf

Wir müssen uns entscheiden, ob wir Karriere machen möchten, indem wir der eigenen Berufung nachgehen, oder ob wir im gewohnten Trott weitermachen. Wir können unsere Situation jederzeit ändern.

Den Zufall erkennen, heißt die Botschaft dahinter anzunehmen. Wir selbst haben uns den Arbeitsplatz oder den Chef »herbeigedacht«. Auch wenn das vielleicht gar nicht unsere Absicht war. Wir sollten die volle Verantwortung für unsere berufliche Situation übernehmen und die Chancen ergreifen, die sich durch Zufälle ergeben. Und vor allem sollten wir den Weg in Richtung Berufung einschlagen. Damit kommen wir unseren beruflichen Zielen Schritt für Schritt näher.

Unser Leben ist zu wertvoll, um unsere Energie und Zeit für Tätigkeiten zu verschwenden, die uns nicht entsprechen. Werden wir aktiv und handeln wir. Für einen Neuanfang ist es nie zu spät.

Dein Coach

➢ Die Vorfälle im Alltag zeigen dir den Weg.

➢ Gehe deiner wahren Berufung nach, nur dann wirst du erfolgreich sein.

➢ Übernimm die volle Verantwortung für dein berufliches Schicksal. Geht es dir im Beruf schlecht, dann hast du dies zu verantworten, kein anderer. Zugleich bedeutet das, du kannst jederzeit deine berufliche Situation ins Positive ändern.

10 Dein Wunschpartner wartet schon

Werde ich jemals meiner großen Liebe begegnen? Ist sie die richtige Partnerin für mich? Wird er sich wieder bei mir melden? Warum scheitern meine Beziehungen immer wieder? – Die Antworten kennen wir bereits. Wir erinnern uns an die zwei Lebensgesetze, das Resonanz- und das Polaritätsgesetz, beide sind für eine glückliche Beziehung unerlässlich. Der Zufall ist lediglich der Auslöser, der die zwei Liebeskandidaten zusammenführt. Und dem Zufall können wir auf die Sprünge helfen. Nicht unbedingt, indem wir von Party zu Party ziehen und nach Zufallsbekanntschaften Ausschau halten, sondern indem wir eine gleiche Schwingungsebene zum Partner aufbauen.

Zwei Verlassene in der Wüste

Annemarie und ihr Mann hatten mit Mitte zwanzig geheiratet, weil es für sie beide die große Liebe war. Als ein Jahr später ihr Sohn Leon das Licht der Welt erblickte, war ihr Glück perfekt. Ihre Wohnung war durch den Nachwuchs zu eng geworden, deshalb beschlossen sie, sich ein Haus am schön gelegenen Stadtrand zu kaufen. Die Finanzierung des neuen Eigenheims war jedoch nur möglich, da beide in Vollzeit arbeiteten. Der kleine Leon kam derweil zu einer Tagesmutter.

Die beiden Eheleute unternahmen immer weniger miteinander. Sie wohnten zwar zusammen, doch jeder lebte zunehmend sein eigenes Leben. Annemaries Mann lernte auf seiner Arbeit eine Schreinerkollegin kennen und verliebte sich in sie. Er trennte sich von seiner Ehefrau Annemarie, zog mit seiner neuen Partnerin zusammen und gründete eine Familie.

Leon, mittlerweile in die Schule gekommen, lebte bei seiner Mutter, besuchte regelmäßig und gerne seinen Vater und dessen Partnerin. Die beiden hatten ein Zwillingspärchen bekommen und dem siebenjährigen Leon bereitete es große Freude, mit seinen Halbgeschwistern zu spielen.

Annemarie ging ihrer Arbeit nach und fokussierte sich ganz auf Leon. Sie spürte, dass ihr etwas im Leben fehlte, ein Partner, der sie in den Arm nahm. Diese Gefühle projizierte sie unbewusst auf ihr Kind. Sie wurde eifersüchtig auf die neue glückliche Familie ihres Ex-Partners, insbesondere an den Wochenenden, an denen Leon bei seinem Vater übernachtete. Sie blies derweil Trübsal, grübelte stundenlang wie es dazukommen konnte und bedauerte sich und das Schicksal, das ihr widerfahren war.

Eines Tages eröffnete ihr Leon, dass er lieber beim Vater in dessen neuer Familie leben wolle. Annemarie war geschockt und fassungslos. Somit wäre sie völlig allein. Sie fragte Leon, was dann aus ihr werden sollte. Darauf antwortete dieser schlagfertig, sie solle sich doch einen neuen Mann suchen, dann wäre sie wieder glücklich.

Diese einfache Logik riss Annemarie aus ihrer Lethargie der letzten Jahre. Sie wusste plötzlich, sie musste ihr Leben grundlegend ändern. Sie beschloss, sich selbst etwas zu gönnen nach Jahren der Arbeit. Seit langem hegte sie den Wunsch, eine Reise zur Wüste Gobi zu unternehmen. Warum es sie gerade dorthin zog, konnte sie sich nicht recht erklären. Im Internet buchte sie eine vierzehntägige Pauschalreise.

Auf der Tour durch die asiatische Felswüste traf Annemarie auf Bernd, der seit seiner Scheidung zusammen mit seinem achtjährigen Sohn in einer Nachbargemeinde lebte. Die beiden verstanden sich auf Anhieb fantastisch und nur wenige Monate später heirateten sie. Leon blieb bei seiner Mutter und fühlte sich in seiner neuen Familie bestens aufgehoben.

Erst als Annemarie sich emotional für eine neue Partnerschaft öffnete, konnte sie ihren Traummann Bernd anziehen und ihm begegnen. Dieser befand sich ebenfalls auf der Suche nach einer neuen Partnerin. Beide wiesen eine ähnliche Schwingung auf, denn sonst hätten sie kaum dieselbe Reise in die Wüste gebucht. Annemaries inniger Wunsch nach der eigenen Familie wurde ganz nebenbei ebenfalls eingelöst. Jedoch erst als sie sich für das Loslassen entschied und offen für Neues war.

Beziehung auf Zeit

Nadine L. sah blendend aus, war ein geselliger Typ und nicht auf den Mund gefallen, wenn es darauf ankam. Durch ihre charmante Art und ihrem attraktiven Äußeren zog sie die Männer in ihren Bann. Sie konnte sich ihre Beziehungen auswählen, wie es ihrem Geschmack entsprach. Sportlich sollte er sein, verständnisvoll, geistreich, Humor haben und sie zum Lachen bringen. Ein guter Job rundete das Bild des Wunschpartners ab.

Das Problem war, die Beziehungen endeten meist nach wenigen Monaten und eine langfristige Partnerschaft wollte ihr einfach nicht gelingen. Nadine konnte sich das beim besten Willen nicht erklären. In ihren Augen hatte ein Mann, der mit ihr zusammen sein durfte, schließlich das große Los gezogen. Ihr letzter Freund hatte ihr vorgeworfen, alles würde sich nur um sie drehen. Nadine konnte seine Meinung nicht nachvollziehen, zumal sie stets darauf achtete, mit ihm über ihre Gefühle zu reden.

Der Zufall wollte es, dass Nadines Kollegin im Büro schwer erkrankte und eine Leiharbeitskraft als vorübergehender Ersatz eingestellt wurde. Damit nahm das Martyrium seinen Lauf. Ständig plapperte die Aushilfskraft auf sie ein. Was sie am Wochenende unternommen hatte, wie sie die einzelnen Familienmitglieder einschätzte, wer mit wem und warum nicht zu recht kam. Nadines Nerven lagen blank und sie wünschte sich nichts sehnlicher als die baldige Genesung ihrer Kollegin. »Lass mich bitte nicht so egoistisch werden, wie diese Nervensäge, die sich ständig in den Mittelpunkt stellt.« Mit einem Schlag fielen Nadine wieder die Worte ihres Ex-Partners ein, der ihr genau das vorgeworfen hatte.

Sie überlegte lange und kam zum Schluss, dass sie meistens nur über ihre Gefühle gesprochen hatten und was ihr in der Beziehung wichtig war. Ihr Partner sollte sich fürsorglich um sie kümmern, ansonsten war sie schnell eingeschnappt.

Nadine beschloss, diese Thematik in ihrem Leben anzugehen. Als Erstes rief sie bei ihrem Ex-Partner an und erkundigte sich, wie es ihm ging. Dieser zeigte sich über ihr plötzliches Interesse an ihm überrascht und erfreut. Sie plauderten mehr als zwei Stunden miteinander und erzählten sich ihre Pläne für die Zukunft. Es vergingen nur wenige Wochen und sie ließen ihre Beziehung wieder aufleben.

Eine Partnerschaft besteht aus Geben und Nehmen. Wenn sich beide im Gleichgewicht befinden, entsteht Harmonie und dies ist eine Voraussetzung für eine glückliche Partnerschaft. Nadine konnte erst dann eine langfristige Verbindung eingehen, nachdem sie das Polaritätsgesetz erfüllt hatte.

Dein Coach

➢ Wir ziehen genau den Partner an, mit dem wir auf einer Wellenlänge liegen. Das gilt für Liebes- als auch für Geschäftspartnerschaften.

➢ Eine erfolgreiche und glückliche Beziehung ist im Gleichgewicht, wenn beide Partner das Polaritätsgesetz leben.

➢ Du bist liebenswert, mach dir das bewusst. Diese Einstellung ist Voraussetzung um andere Menschen anzuziehen.

11 Coaching fürs Bankkonto

Wie ist unsere Einstellung Geld gegenüber? Denken wir zurück an Ereignisse in der Vergangenheit, in denen Geld eine entscheidende Rolle für uns gespielt hat? Das kann zum Beispiel das zum Geburtstag gewünschte, aber nicht erhaltene Fahrrad sein, ein überraschender Gewinn in der Lotterie oder beim Preisausschreiben, der Verzicht auf den lang ersehnten Urlaub, um das Konto nicht zu strapazieren oder der harte Ferienjob in der Fabrik, um sich den Führerschein leisten zu können. All diese Ereignisse haben uns und unseren Umgang mit Geld und Finanzen geprägt.

Nehmen wir ein Blatt Papier zur Hand und tragen in die linke Spalte ein, was uns Negatives zu Geld einfällt, und in die rechte Spalte das Positive zu diesem Thema. Welche Seite fällt uns leichter zu füllen? In welcher Spalte überwiegen die Eintragungen? Diese Übung zeigt unser Verhältnis zu Geld und materiellem Reichtum. Haben Sie wesentlich mehr Einträge auf der Negativseite, sollten Sie Ihre Einstellung Geld gegenüber neu ordnen.

Geld ist weder gut noch schlecht, sondern neutral. Erst durch unsere Sichtweise und Bewertung erhält es diese individuelle Bedeutung für uns. Sind wir negativ geprägt, wird es uns sehr schwer fallen, Geld anzuziehen, weil wir es im Grunde ablehnen. Mit dem Thema Geld verbinden wir eventuell Missbrauch der Macht, Begrenzung, Armut, Mangel usw. Haben wir dagegen eine positive Einstellung zu Geld, fällt es uns leichter dieses auch anzuziehen. Wir stellen uns bereits vor, wie wir es sinnvoll für uns und zum Wohle anderer einsetzen könnten.

Wir ziehen Reichtum genau dann an, wenn wir in Resonanz dazu gehen. Hierzu sind viele Mittel und Wege geeignet. Wir können in Gedanken davon träumen, uns mit »reichen« Freunden verabreden, in der Villengegend spazieren gehen und vieles andere mehr. Lassen wir unserer Kreativität freien Lauf. Hauptsache wir entwickeln dabei ein positives Bild von Geld und Reichtum.

In der Ruhe liegt die Kraft

Claudio arbeitete als Einkäufer in einem mittelständischen Unternehmen. Vorgesetzte und Kollegen machten sich hin und wieder lustig über ihn, weil Claudio nichts aus der Ruhe bringen konnte. Obwohl er gute Arbeit leistete, erhielt Claudio das geringste Gehalt in der Firma, ein Hungerlohn. Aber das störte ihn nicht. Abends nach der Arbeit studierte er noch Betriebswirtschaftslehre. Er wollte damit seine Qualifikation verbessern, um für die Zukunft vorbereitet zu sein.

Ein Kollege aus seiner Abteilung fragte ihn, warum er sich das eigentlich antue. Claudio solle sich doch einfach nach einem besseren Job umschauen und seinen Arbeitgeber wechseln. Claudio ließ sich nicht beirren und meinte, seine Zeit werde schon noch kommen.

Gegen Ende seines Abendstudiums vertraute er dem Kollegen an, ihm sei eine gute Geschäftsidee eingefallen, für deren Umsetzung er jedoch zwei Millionen bräuchte. Der Kollege antwortete ironisch, das sei doch das geringste Problem, das Kleingeld würde ihm sicherlich jemand schenken. Schnell machte das Gerücht die Runde und die ganze Firma lachte über Claudio, den Größenwahnsinnigen. Sie trauten ihm das nicht zu und machten keinen Hehl daraus. Woher sollte Claudio das Geld für die millionenschweren Investitionen erhalten?

Claudio blieb ruhig und ließ sich von dem Gerede nicht beeindrucken. Plötzlich fiel ihm wieder ein, was sein Kollege gesagt hatte. Warum sollte er sich das notwendige Geld nicht einfach schenken lassen? - Er recherchierte in der Förderdatenbank und stieß auf ein Programm, das 50% der Investitionen als Zuschuss vergab. Sein geplantes Projekt passte maßgeschneidert in die geforderten Bedingungen des Förderprogramms hinein, ein großartiger Zufall. Aber woher die restlichen 50% nehmen? Aus seiner Tätigkeit im Einkauf kannte Claudio einen Lieferanten, der an seinem Projekt interessiert sein könnte, weil dessen Unternehmen in der gleichen Branche tätig war.

Claudio plante akribisch sein Vorhaben und überzeugte den Lieferanten, bei ihm als Investor einzusteigen. Mit dessen Unterstützung und der staatlichen Förderung gelang es ihm tatsächlich, seinen Traum zu verwirklichen. Heute beschäftigt sein Unternehmen dreißig Mitarbeiter und es wächst weiter. Aus dem belächelten, schlecht bezahlten Einkäufer wurde binnen weniger Jahre ein reicher

Unternehmer, der soviel Geld verdiente, dass er kürzlich seiner Heimatstadt einen Kindergarten schenkte. Schließlich wolle er wieder etwas zurückgeben, sagte Claudio.

Mit seinen Träumen von einer goldenen Zukunft gelang es Claudio, sich in Resonanz zum Reichtum zu bringen. Seine Unbeirrbarkeit und der Glaube an sich und seine Fähigkeiten führten zu den Zufällen und Ereignissen, die den Erfolg brachten. Dem Polaritätsgesetz wurde er intuitiv gerecht, indem er durch großzügige Spenden den Ausgleich zwischen den Polen »Geben« und »Nehmen« herstellte.

Der verpasste Lottogewinn

Meine hellsichtige Oma hat einmal die »Sechs Richtigen« im Lotto vorausgesehen. Reich ist sie deswegen nicht geworden. Ganz einfach, weil sie keinen Lottoschein abgegeben hatte. Mein Großvater warf ihr das noch jahrelang vor, aber es war ihre Entscheidung gewesen. Vielleicht fürchtete sie den plötzlichen Reichtum und die Änderungen, die damit verbunden sind.

Das Ereignis zeigt sehr deutlich, wir entscheiden selbst, wie reich wir sein wollen. Es ist uns nicht immer so klar, aber wir bestimmen durch unser Denken und Handeln die Höhe unseres Kontostands. Dabei gilt, mehr Geld ist nicht gleich besser oder macht uns automatisch glücklicher. Das Gegenteil kann sogar der Fall sein. Also überlegen wir genau, ob wir reich sein wollen und was wir hierfür als Ausgleich geben wollen. Ist es vielleicht sinnvoller, nicht dem Geld nachzujagen, sondern seiner wahren Berufung zu folgen? Viele Lottomillionäre verlieren ihr Vermögen und sind nicht glücklich geworden. Meine Oma jedenfalls wurde von vielen Menschen geliebt und war mit ihrem Leben zufrieden!

Zwei Börsenspekulanten - zwei Strategien

Es war in der Zeit der Finanzkrise als sich zwei Spekulanten auf eine Wette miteinander einließen. Wer würde mehr Gewinn an der Börse erzielen können? Beide waren von ihrem System überzeugt. Sie einigten sich darauf, jeweils 100.000 Euro einzusetzen und diese lediglich in drei Aktienwerte unterschiedlicher Branchen zu investieren. Nach einem Quartal wollten sie dann sehen, wer erfolgreicher spekuliert hätte.

Der eine Spekulant, ein Analyst und Zahlenfreak, studierte und analysierte ausführlich die Geschäftsberichte der drei Aktien-Unternehmen, in die sie investierten. Er wog deren Zukunftschancen sorgfältig ab, verglich sie mit anderen Unternehmen aus derselben Branche und versuchte, die Entwicklung des Gesamtmarkts einzuschätzen. Danach verteilte er die 100.000 Euro auf die drei Aktienwerte. In der folgenden Zeit führte er mehrere Transaktionen durch, kaufte und verkaufte. Jedes Mal rechnete er mit speziellen Börsenprogrammen aus, wie hoch die Gewinnchancen waren, welche Verluste eintreten konnten und wann es ratsam war zu kaufen oder zu verkaufen.

Das System des anderen Spekulanten war einfacher - er folgte seinem Bauchgefühl. Flüsterte ihm eine Stimme ins Ohr »Kaufen«, dann kaufte er. Und sagte sie »Verkaufen«, dann hörte er meist darauf und verkaufte seine Aktien.

Nach drei Monaten trafen sie sich wie vereinbart in einem Café und legten ihre Depotauszüge auf den Tisch. Wer war wohl der Gewinner der Wette? Der analytische Verstandesmensch oder der intuitive »Aktienflüsterer«. Einig waren sie sich, dass sie eine turbulente, schwierige Börsenphase erwischt hatten. Der Zufall wollte es und der Eurokurs war durch negative Schlagzeilen deutlich gefallen und hatte viele Aktienwerte mit in die Tiefe gerissen. Der Zahlenfreak musste einen Verlust von 30.000 Euro verbuchen. Während der andere immerhin einen Gewinn von knapp 2.000 Euro ausweisen konnte.

Der Fall zeigt, nicht die eine oder andere Methode ist erfolgreicher, vielmehr kommt es darauf an, was wir daraus machen. Der Zahlenfreak hatte sich häufiger mit den möglichen Verlusten der Transaktionen auseinandergesetzt. Durch die negativen Ereignisse an der Börse wurde er zunehmend in seiner Ausrichtung bestärkt. Zuletzt handelte er immer vorsichtiger, aus Angst Verluste einzufahren. Er ging mit dem Geldverlust in Resonanz und zog diesen ungewollt an. Das Gesetz der Anziehung funktioniert besser und schneller als uns lieb ist.

Der andere Spekulant folgte zwar seiner Intuition. Doch die miese Stimmung am Aktienmarkt ging vermutlich auch an ihm nicht spurlos vorbei. Erste Zweifel beeinträchtigten sein positives Gefühl. Am Ende war er nicht so erfolgreich, wie er es hätte sein können.

Dein Coach

➢ Nimm eine positive Einstellung gegenüber Geld und Reichtum ein und bringe dich in Resonanz.

➢ Sei großzügig und sorge für den Ausgleich, um den Reichtum zu erhalten.

12 Dr. Zufall

Bei einigen Ereignissen haben wir Mühe, deren Ursache in unserem Denken und Handeln zu finden und die Verantwortung hierfür voll und ganz zu übernehmen. Wir übersehen dann gerne den Zusammenhang zwischen dem Vorfall und unserer Person. Diese Verdrängung des Zufalls und des dahinter liegenden (Schatten-)Themas kann durchaus eine Weile gut gehen. Je länger wir jedoch die Zeichen und Hinweise des Schicksals nicht wahrhaben wollen, umso deutlicher wird es zuschlagen. Es verfügt über ausgezeichnete Mittel - das der Krankheit und der Genesung.

Die Krankheit hat den Vorteil, dass sie uns persönlich zufällt und somit kaum zu leugnen ist. Die befallene Körperebene gibt uns direkte Hinweise, was bei uns aus dem Ruder gelaufen ist. Wir erinnern uns an das Beispiel mit dem gebrochenen Handgelenk in Folge eines Skiunfalls. Die verletzte Hand zeigt an, es ist höchste Zeit zu **Hand**eln. Ansonsten erwarten uns schmerzhafte Korrekturen, solange bis wir uns des Themas annehmen.

Hören wir doch einfach auf unsere innere Stimme und lassen die Ereignisse der Vergangenheit nochmals Revue passieren. Welche Verbindungen können wir zwischen den Zufällen erkennen? Haben wir den Zusammenhang erkannt, kommt die individuelle Bedeutung für jeden einzelnen zum Vorschein.

Integrieren wir das (Schatten-)Thema in unser Leben und sind wir in diesem Bereich wieder im Gleichgewicht, setzt die Genesung ein. Unsere Heilung bestimmen wir im Wesentlichen selbst. Oftmals betrachten wir die Krankheit als negatives Ereignis und übersehen dabei, dass sie auch ein großer Gewinn sein kann. Sie läutert uns, löst überholte Ansichten und Strukturen auf, und führt hin und wieder sogar zur Erleuchtung. Hören wir lieber damit auf, Krankheiten zu verdammen und über Kranke ein Urteil zu fällen.

Das Phantom der Schulter

Markus war mit seiner Arbeitsstelle unzufrieden. Das Unternehmen, in dem er seit mehreren Jahren tätig war, expandierte und stellte zusätzliches Personal ein. Eigentlich ein erfreuliches Ereignis, sollte man meinen. Doch für Markus brachte es Nachteile mit sich. Sein ursprünglich breit gefächertes Aufgabengebiet wurde immer schmaler und für ihn, den Allrounder, zunehmend uninteressanter.

Am Anfang hatte Markus die pochenden Schmerzen in der linken Schulter kaum wahrgenommen, doch in den nächsten Monaten verschlimmerten sie sich zunehmend. Markus konnte nur mit Mühe seinen Arbeitstag über die Runden bringen. Seine Frau riet ihm daher, zum Arzt zu gehen.

Der Mediziner untersuchte ihn gründlich, konnte jedoch auf den Röntgenbildern nichts feststellen. Es handle sich lediglich um Verspannungen und er meinte sinngemäß, Markus solle sich mal nicht so anstellen. In den nächsten Wochen nahmen die Schmerzen weiter zu, trotz Massagen, osteopathischen Anwendungen und neuem Bürostuhl.

In seiner Verzweiflung suchte Markus einen Spezialisten auf, der ihm von einer Ex-Kollegin empfohlen wurde, die er *zufällig* am

Abend beim Einkaufen getroffen hatte. Der Therapeut stellte einige Fragen zu seiner persönlichen Situation und riet ihm dann, sich zu entspannen. Markus reagierte verärgert und fragte, wie das gehen solle. »Das wissen Sie doch selbst«, antwortete der Arzt, »wechseln Sie die Arbeitsstelle!«

Der Arzt hatte mit seinem Ratschlag ins Schwarze getroffen. Markus wusste es schon lange, wollte es sich jedoch nicht eingestehen. Die Kündigung und die Suche nach einer neuen Stelle machten ihm Angst. Doch am Ende entschied er sich für diese Lösung. Das Phantom der Schulter tauchte an seinem neuen Arbeitsplatz nie wieder auf.

Die Last des Arbeitsplatzes drückte auf Markus` Schulter so schwer, bis sie ihn krank machte. Die damit verbundene Verspannung und Unbeweglichkeit signalisierten ihm deutlich, beweglicher zu sein und sich von der Last zu befreien. Als Markus sich dem Thema bewusst stellte, erfolgte die Heilung.

Ein Indianer kennt keinen Schmerz

Die Diagnose Darmkrebs war für Dirk der Schock seines Lebens. Die heile Welt des ehemaligen Finanzbeamten stürzte in dem Moment ein, als ihm der Hausarzt das vermeintliche Todesurteil mitteilte. Dirk war erst seit zwei Jahren im Ruhestand und wollte mit seiner Frau das Leben genießen. Endlich die Dinge unternehmen, die sie immer geplant hatten. In ferne Länder reisen, seinem Hobby, dem Modellflug, nachgehen und sich am Leben freuen. Und nun dieser Befund! Dirk haderte mit seinem Schicksal - ausgerechnet ihn musste es treffen.

Dirk wurde zum Spezialisten überwiesen, der in seinem Fall zu einer Operation und anschließender Chemotherapie riet. Seine Heilungschancen lägen jedoch nur bei 20%, teilte der Arzt ihm schonungslos mit. Dirk recherchierte im Internet, las Bücher zu seinem Krankheitsbild und entschied sich, die Operation durchführen zu lassen, jedoch auf die Chemotherapie zu verzichten. Da er mit seiner Frau endlich auf Reisen gehen wollte, solange ihm noch Zeit blieb. Er fürchtete, die Chemotherapie und ihre Nebenwirkungen könnten ihn davon abhalten. Darüber hinaus setzte Dirk seine Hoffnungen auf einen geheimnisvollen »Indianertee«, den er im Internet *zufällig* entdeckt hatte. Angeblich kannten die alten Indianerstämme keine Krebskrankheiten dank dieser magischen Kräutermischung.

Dirk erholte sich gut nach der Operation und konnte bereits wenige Wochen danach mit seiner Frau die lang ersehnte Südafrika-Reise antreten. In der Vergangenheit hatte sie Dirk mehrmals vorgeworfen, seit seinem Ruhestand mehr Zeit mit neuen Steuergesetzen verbracht zu haben als mit ihr. Während des Flugs hatte Dirk reichlich Zeit, sich mit dem Vorwurf seiner Frau zu beschäftigen. Er musste sich eingestehen, dass er im Ruhestand nicht wirklich angekommen war.

Nach nun mehr fünf Jahren gilt Dirk als geheilt. Ob es dem sagenhaften indianischen Kräutertee oder der gut verlaufenen Operation zu verdanken ist, wissen wir nicht. Auf alle Fälle liegt es an Dirk, der durch die Krankheit sein Leben grundlegend geändert hat und so wieder sein Gleichgewicht fand. Er hat die Krankheit als Chance erkannt und sie zu seinem Vorteil genutzt.

Radfahrer leben gefährlich

Diese Erfahrung musste Cordula hautnah erleben. Vorschriftsmäßig fuhr sie mit ihrem neu erworbenen Drahtesel auf dem Radweg, als auf der Höhe einer Tankstellenausfahrt ein Autofahrer sie übersah. Es krachte und die Marketingassistentin landete in hohem Bogen auf dem harten Asphalt. Der Arzt stellte eine komplizierte Fraktur des Beins und eine Verletzung des Kniegelenks fest. Die Operation des Beins verlief angeblich zufrieden stellend, doch das Knie machte weiterhin Probleme.

Monatelang war Cordula krankgeschrieben und konnte ihre Tätigkeit als Marketingassistentin nicht wieder aufnehmen. In der Chefetage der Firma war man darüber gar nicht so traurig, galt sie doch als resolute Person, die sich gegen soziale Ungerechtigkeiten häufig zur Wehr setzte. Selbst ihr Chef konnte sich zwischenzeitlich mit der Ersatzkraft gut arrangieren.

Eine zweite Knieoperation wurde notwendig, weil bei der ersten *zufällig* ein Kunstfehler unterlaufen war. Cordula verzweifelte, denn sie wollte liebend gern wieder arbeiten. Wieder gingen ein paar Monate ins Land bis Cordula endlich ihre Tätigkeit im Büro wieder aufnehmen konnte. Doch dort wollte sie niemand mehr haben, ihr Platz war bereits besetzt. Cordula bekam einen kleinen Schreibtisch in einer ehemaligen Abstellkammer zugewiesen. Die Personalleiterin sagte ihr unverblümt ins Gesicht, sie gelte als Simulantin und stehe unter besonderer Beobachtung.

Cordula wurde von Kollegen und Vorgesetzten unter Druck gesetzt und gemobbt, solange bis sie entnervt ein Abfindungsangebot annahm. Der Zufall mit dem Fahrradunfall, der Kunstfehler bei der Knieoperation und die Ablehnung am Arbeitsplatz gingen ihr nicht aus dem Kopf. Schließlich kam sie zu dem Ergebnis, dass sie durch diese Ereignisse Bescheidenheit und Demut wohl erfahren sollte. Eigenschaften, die ihr vor dem Unfall fremd waren. Cordula nahm sich vor, diese künftig in ihrem Leben und in ihrer neuen Arbeitsstelle zu beherzigen.

Dein Coach

➤ Sei fürsorglich gegenüber dir selbst.

➤ Höre auf deinen Körper und bringe dich ins Gleichgewicht.

➤ Krankheiten können dich lehren, läutern und sogar zur Erleuchtung führen.

13   Wertvolle Tipps

Hinter jedem Zufall verbirgt sich ein bestimmtes Prinzip. Erkennen wir dieses Prinzip - dabei kann das Denken in Analogien, siehe Kapital 5, sehr nützlich sein - verstehen wir auch die Botschaft des Zufalls. Was will der Zufall uns sagen, in welchem Lebensbereich sind Änderungen notwendig? Können wir die Zufälle deuten, erreichen wir wesentlich leichter unsere Ziele und Wünsche.

Machen wir uns bewusst, welches Thema durch den Zufall hauptsächlich angesprochen wird. Folgende **Grundprinzipien** helfen uns dabei:

Aktivität
  Ausgleich
    Handeln
      Intuition
        Reflektion
          Veränderung
            Ausdehnung
              Beharrlichkeit
                Kommunikation

Obwohl diese Prinzipien für alle Menschen Gültigkeit haben, hält der Zufall noch eine individuelle Botschaft für jeden einzelnen von uns parat. Das dürfte einleuchten, zumal jeder seine eigene Lebensgeschichte und Persönlichkeit mitbringt. Bei der Analyse des Ereignisses und seiner Bedeutung für uns, sind folglich das Grundprinzip, die persönliche Situation und die Lebensgesetze zu beachten. Wenn wir dies berücksichtigen, steht einem erfolgreichen Coaching nichts mehr im Wege. Los geht's!

Mit Beharrlichkeit zum Sieg

Stefan leistete gerade seinen Zivildienst ab und wollte anschließend an einer Fachhochschule Medieninformatik studieren. Er war zuversichtlich, sein guter Notendurchschnitt würde hierfür locker ausreichen und hatte deshalb auch keinen »Plan B« in der Tasche. Doch statt des erhofften Zulassungsbescheids kam eine Absage. Es gab 80 Studienplätze und Stefan lag leider auf dem 81. Rang. Um einen mickrigen Platz hatte er sein Ziel verpasst - was für ein dummer Zufall.

Das Verfahren der Fachhochschule schloss ein Nachrücken der Bewerber auf den hinteren Plätzen aus. Stefan musste sich wohl oder übel dem Schicksal beugen. Resigniert schaute er sich bereits nach einem Übergangsjob um, als sein Vater die Absage nochmals genauer studierte. Er machte ihn darauf aufmerksam, dass der Bewerber auf Rang 80 einen um drei Zehntel schlechteren Notendurchschnitt aufwies als Stefan. Das bedeutete, die Fachhochschule musste zusätzliche Qualifikationen bei diesem Bewerber berücksichtigt haben, während Stefans Praktikum nicht in die Benotung eingeflossen war.

In Stefan erwachte der Kampfeswille und er schrieb einen Brief an das Auswahlgremium mit der Bitte, seine eingereichten Unterlagen nochmals zu prüfen. Doch das Gremium blieb bei seiner Entscheidung. Aufgeben oder nicht?

Stefan legte bei der zuständigen Verwaltungsbehörde Einspruch gegen das Verfahren über die Vergabe der Studienplätze ein. Falls die Fachhochschule nicht einlenkte, würde es nun zum Prozess kommen. Mittlerweile waren es nur noch wenige Tage bis zum Studienbeginn. Stefan hatte zwar eine einstweilige Verfügung beantragt, um an den Vorlesungen teilnehmen zu können, doch unter diesen Umständen wollte er sein gewünschtes Studium nicht starten. Er kam zu der Einsicht, besser nachzugeben, als einen zweifelhaften Pyrrhussieg zu erringen. Stefan zog seine Klage zurück. Zwei Tage später erhielt er mit der Post seinen ersehnten Zulassungsbescheid. Ohne von Stefans Entscheidung zu wissen, hatte die Hochschule am selben Tag nachgegeben und sich doch noch für seine Zulassung ausgesprochen.

Coaching

Der Zufall mit dem 81. Rang und die Absage könnte als Warnung verstanden werden, nicht zu passiv zu sein. Das **Prinzip der Aktivität** mit seinem Gegenpol Passivität spiegelt sich hier wider. Stefan war in seinen Bemühungen um einen Studienplatz recht passiv gewesen. Er hatte sich zu selbstsicher gefühlt.

Seine Bereitschaft, sich gegen die Absage zu wehren, den Kampf mit der Fachhochschule aufzunehmen, zeigt das **Prinzip Handeln**.

Die Kommunikation mit der Schule bzw. mit dem Verwaltungsgericht war zwar über den Briefverkehr gegeben, steht jedoch nicht im Vordergrund. Dagegen war **Beharrlichkeit** ein wichtiges Thema, das über mehrere Wochen von Stefan abverlangt wurde. Im Falle der Resignation wäre sein Traum vom Studium der Medieninformatik zerplatzt.

Eine herausragende Bedeutung kommt dem **Prinzip des Ausgleichs** zu. Stefan spürte intuitiv, das Gleichgewicht war am Ende der Auseinandersetzung gestört. Noch mehr

Kampf und Beharrlichkeit würden sich negativ auswirken, deshalb führte er den Ausgleich herbei, in dem er nachgab (**siehe Polaritätsgesetz**). Wer zuerst nachgegeben hat, spielt dabei keine Rolle. Die Schwingung zwischen beiden Parteien hatte sich jedenfalls geändert. Dies sorgte dafür, dass Stefan sein Ziel, die Zulassung zum Studium, erreichte.

Das **Gesetz der Anziehung** zeigt sich durch Stefans Hoffnung den Studienplatz doch noch zu erhalten.

Die Vorgehensweise war die richtige für Stefan, weil sie letztendlich zum Erfolg führte. Das bedeutet jedoch nicht zwangsläufig, ein anderer sollte sich in solch einer Situation ebenfalls so verhalten. Jeder hat seine eigenen Aufgaben und Ziele, die es zu erfüllen gilt.

Eine Verkettung (un)glücklicher Umstände

Um das Ende ihres Wehrdienstes und ihre wieder gewonnene Freiheit zu feiern, entschlossen sich zwei Freunde, mit ihren Zweirädern an die französische Mittelmeerküste zu fahren.

Am nächsten Morgen sollte die Reise in den Süden beginnen und vor ihnen lagen an die tausend Kilometer. Die Motorradkette an der Suzuki war schon ziemlich verschlissen und so entschied man aus Gründen der Sicherheit, diese vor dem Urlaub zu wechseln. Schließlich wollten die zwei Freunde im Ausland keine bösen Überraschungen erleben.

Die örtliche Fachwerkstatt hatte die passende Kette jedoch nicht vorrätig und zum Bestellen war keine Zeit mehr. So schnell gaben sie nicht auf, ihr Ehrgeiz war geweckt. Nach einigen Telefonaten wurden sie bei einem entfernten Zweiradgeschäft endlich fündig. Als sie dort eintrafen, stellten sie fest, dass die neue Kette nicht völlig identisch mit der alten war. Aber so schnell gaben sie nicht auf! Mit Geschick und Kreativität gelang es ihnen, die neue Kette zu montieren. Diese saß jedoch viel zu stramm und hatte keinerlei Spiel mehr. Mit der Zeit wird sich das schon geben, meinten sie optimistisch und starteten ihre Reise.

Auf halber Strecke kamen sie durch ein abgelegenes Dorf in der Provence, als die Suzuki sich plötzlich wie eine rasselnde Kaffeemühle anhörte und ihren Dienst beleidigt einstellte. Die neue, zu stramm sitzende Kette hatte das Zahnrad von der Antriebsachse gelöst und diese beschädigt. Mit wenig Geld und einem defekten Motorrad standen sie auf der staubigen Dorfstraße - die Mittagssonne brannte und ihre Köpfe rauchten. Genau der Fall war eingetreten, den sie unbedingt vermeiden wollten.

Aber so schnell gaben sie nicht auf! Einer der beiden verfügte über gute Französischkenntnisse, die nun zum Einsatz kamen. Eine Kfz-Werkstatt gab es weit und breit nicht. Also wurden sie von den Dorfbewohnern an Jacques verwiesen, der auf seiner Ranch lebte und hobbymäßig an allen möglichen Gefährten herumbastelte.

Mit Geschick und Ausdauer gelang es den beiden, die defekte »Kaffeemaschine« Marke Suzuki zu ihm zu schleppen. Nach zwei Tagen, inklusive einem mehrstündigen Ausflug nach Avignon zum Zweiradfachgeschäft und einer nächtlichen Notoperation mit Schweißgerät, konnte die Reise ans Meer fortgesetzt werden.

Dem glücklichen Zufall verdanken sie eine Verbesserung ihrer Kommunikationsfähigkeiten, vor allem jedoch die Begegnung mit Jacques, mit dem sie später eine lebenslange Freundschaft verband.

Coaching

Das **Gesetz der Anziehung** funktioniert immer und überall. Die beiden Freunde malten sich in Gedanken aus, welches Unglück ihnen eventuell auf der Reise zustoßen könnte, zum Beispiel ein Defekt an einem der Zweiräder. Und genau dieses Ereignis haben sie dann erlebt. Bestellt und geliefert! Hätten die beiden lieber von dem herrlichen Sandstrand und der Mittelmeersonne geträumt.

Der Zufall, in Gestalt der nicht vorrätigen Kette, hatte ihnen zuvor die Chance eingeräumt, ihr überzogenes Sicherheitsdenken zu korrigieren. Ihre Sturheit und Unbeweglichkeit ließen es jedoch nicht zu. Dem Pol »**Sicherheit**« wurde zu viel Platz eingeräumt, ein Ungleichgewicht entstand. Der Gegenpol »**Unsicherheit**« bedeutet in diesem Fall, mehr Flexibilität an den Tag zu legen.

Die Prinzipien **Beweglichkeit und Kommunikation** wurden ihnen sozusagen zwangsweise abverlangt, als sie sich im Ausland um die Reparatur des Motorrads kümmern mussten. Ihre positive Einstellung und Handlungsweise gegenüber den widrigen Umständen und ihre Bereitschaft sich zu ändern, löste eine Umkehr aus. Vom Unglück hin zum Glück.

Die Sichtweise der gegenwärtigen Situation ist entscheidend, insbesondere für die Ereignisse in der Zukunft. Leicht hätte der Urlaub der beiden Freunde in einem Desaster enden können. Stattdessen haben sie in Jacques einen echten Freund gefunden.

Das verlorene Casting

Alessia, gerade 18 Jahre alt geworden, träumte von einer erfolgreichen Schauspielkarriere. In der Schule besuchte sie regelmäßig die Theater-AG, meldete sich bei einer Filmagentur in München an und ging zu Schauspiel-Castings, sofern es ihre Zeit erlaubte. Bislang war sie nur als Statistin beim Film zum Zug gekommen. Doch das sollte sich jetzt ändern. Am Samstag sollte in Stuttgart ein Casting stattfinden, um einige Nebenrollen für einen Kinofilm zu besetzen. Alessia war im richtigen Alter und entsprach äußerlich dem gewünschten, südländischen Typ, der die Schwester des Hauptdarstellers verkörpern sollte. Was sollte da noch schief gehen?

Am Morgen verpasste sie um Haaresbreite den Zug nach Stuttgart, weil ihr Bus ausnahmsweise Verspätung hatte. Aber Alessia kam rechtzeitig zum Casting und mit ihr weitere einhundert Anwärterinnen. Sie musste eine kurze Szene vor laufender Kamera spielen und kam aufgrund ihrer guten Leistung eine Runde weiter. Eigentlich ein Grund zum Freuen, doch Alessia fühlte sich zunehmend unwohl. Sie konnte sich nicht erklären warum.

Später am Nachmittag sollten die Kandidaten, die in der engeren Auswahl waren, mit dem Hauptdarsteller eine Szene drehen. Der Typ lag Alessia überhaupt nicht, und das sah man ihr auch an.

Am Ende des Tages ergatterte eine Mitbewerberin die begehrte Rolle, doch das störte Alessia nicht. Obwohl ihr Traum von der Schauspielerei vorerst einen Dämpfer erhalten hatte, war sie merkwürdigerweise nicht enttäuscht. Sie konnte es sich selbst nicht recht erklären.

Eine Woche später erhielt sie von der Filmagentur aus München eine Einladung zu Probeaufnahmen für die weibliche Hauptrolle in einer Fernsehserie. Alessia absolvierte diese erfolgreich und erhielt den Zuschlag.

Die Drehtage fielen *zufällig* zusammen mit denen des geplanten Kinofilms in Stuttgart. Hätte Alessia die Nebenrolle damals erhalten, wäre sie für ein Engagement in der Serie nicht mehr in Frage gekommen. Welcher Film für ihre Karriere günstiger war, wissen wir nicht. Gefühlsmäßig hatte sie aber längst ihre Entscheidung getroffen.

Coaching

Alessia ist ihrem Gefühl gefolgt und sich selbst treu geblieben (**Prinzip Intuition**). Anstatt sich Vorwürfe wegen des verlorenen Castings zu machen, blieb sie weiterhin zuversichtlich. Sie folgte dem **Prinzip der Beharrlichkeit** und damit hat sie genau die Rolle angezogen, die ihr entspricht und die bereits auf sie gewartet hat.

Es lohnt sich nicht, mit dem Schicksal zu hadern, denn wir kennen die Zukunft nicht. Wir können aus heutiger Sicht nicht wissen wie es weitergehen mag und ob nicht bereits der nächste Zufall eine missliche Situation zum Guten wendet.

Dein Coach

➢ Erkenne die Grundprinzipien, die hinter den Ereignissen liegen.

➢ Bringe das jeweilige Prinzip ins Gleichgewicht und damit dich selbst.

14   Das Geheimnis hinter dem Zufall

Ereignisse und Zufälle haben ihre individuelle Aussage für den Betroffenen. Sie zeigen uns, was wir in Zukunft tun oder vermeiden sollten. Lassen wir uns auf diesen ehrlichen, unbestechlichen Coach ein, verbessern wir unsere Situation in kürzester Zeit.

Je mehr wir uns dem Coach anvertrauen, d. h. den Zufällen und Zeichen in unserem Leben eine besondere Bedeutung zumessen, desto entscheidender ist es, deren Sprache zu verstehen. Eine nicht immer leichte Aufgabe. Aus diesem Grund nachfolgend einige Ereignisse, die jeder früher oder später schon erfahren hat bzw. noch erleben wird. Schauen wir uns das jeweilige Thema und das damit verbundene Prinzip sorgfältig an.

Denken Sie immer daran, ein und dasselbe Ereignis mag zwar für das gleiche Prinzip stehen, jedoch kann es für jeden einzelnen von uns eine unterschiedliche Handlungsweise empfehlen. Hören Sie also auf Ihre innere Stimme und nicht unbedingt auf die zweifelhaften Erfahrungen anderer. Das ist das Geheimnis des Erfolgs.

Aufstieg und Fall

Zufälle, die mit Aufstieg und Karriere in Verbindung stehen, nehmen wir dankbar vom Schicksal an. Meist hinterfragen wir nicht, warum ausgerechnet dieser oder jener Glücksfall jetzt in unser Leben tritt. Die Antwort ist einfach - glückliche Zufälle geschehen, weil wir sie uns erarbeitet haben. Wir haben eine Entwicklungsphase durchgemacht, an deren Ende die Belohnung in Form eines günstigen Ereignisses wartet. Vielleicht eine unverhoffte Beförderung oder dem Partner fürs Leben begegnen. Auf dem bisherigen Weg gelang es uns offensichtlich, das natürliche Gleichgewicht einzuhalten. Wir akzeptierten die Lebensumstände und als Resultat setzte Wachstum ein.

Logischerweise gibt es jedoch auch den Gegenpol. Statt dem Glücksfall kommt es dann zum Fall von oben nach unten. Wir sprechen dann gerne vom Absturz. Der Klassiker ist ein Unfall, der uns auf den Boden der Tatsachen herunterholt. Im übertragenen Sinne könnte ein finanzieller oder beruflicher Absturz gemeint sein. Das Thema ist jeweils ein Fall, weil wir unsere Grenzen überschritten und uns zu weit hinauf gewagt haben. Vielleicht auch, weil wir uns auf dem Weg nach oben selbst fremd geworden sind. Bei Ereignissen, die mit Fall und Absturz in Verbindung stehen, gilt es, den Ausgleich zwischen Wachstum und Einhalten von Grenzen wieder herzustellen. Überdenken wir unsere angestrebten Ziele und lösen wir uns ggf. von ihnen. Die äußere Entwicklung geht mit der inneren stets einher.

Wunsch und Täuschung

Oftmals erleben wir eine Situation, die uns zufällt, als Widerstand gegen unsere Wünsche, Träume und Ziele. Wir können nun mit Frustration, Wut oder Resignation darauf reagieren. Ganz wie es uns beliebt. Natürlich sind wir auch für solche Ereignisse voll verantwortlich. Das sollten wir uns in diesem Augenblick in Erinnerung rufen.

Leugnen wir zum Beispiel die Realität, indem wir bestimmte Sachverhalte nicht akzeptieren, täuschen wir uns im Grunde selbst. Wir träumen vielleicht davon, im Beruf erfolgreich zu sein und finanziell für immer abgesichert zu sein. All diese Wünsche sind legitim, doch sobald wir vor der Realität flüchten, leben wir in einer Traumwelt. Wir täuschen uns und andere, machen uns vor, in der Zukunft wird alles oder zumindest vieles besser. In den meisten Fällen wird dies jedoch nicht eintreten und aus der Täuschung wird eine Enttäuschung.

Häufen sich in unserem Leben Zufälle und Ereignisse, die mit den Themen (Ent-) Täuschung, Betrug oder Illusion in Verbindung stehen, sollten wir unsere Einstellung gegenüber Akzeptanz der jetzigen Situation und

Flucht in Wunschvorstellungen überdenken. Das Hier und Jetzt zu akzeptieren, insbesondere falls wir gerade in misslichen Umständen stecken, ist manchmal sehr schwierig. Doch je öfter es uns gelingt, uns mit der augenblicklichen Realität auszusöhnen, sie also anzunehmen wie sie ist, umso schneller ändert sich unsere Lebenssituation zum Guten.

Wir scheuen uns vor Leiden und Schmerz, doch Flucht vor der Realität führt uns genau dort hin. Schauen Sie auf die Zeichen und folgen Sie Ihrem inneren Coach. Nehmen Sie die Herausforderung des Hier und Jetzt an. Zum Beispiel ist Meditation ein geeignetes Mittel uns in die Mitte und in die Gegenwart zu bringen.

Gewinn und Verlust

Ein Gewinn ist etwas, das einem *zufällt*, sei es in materieller oder ideeller Form (Geld, Position, Partnerschaft etc.). Der entsprechende Gegenpol ist der Verlust. Wie alle Zufälle und Ereignisse in unserem Leben treffen uns beide Themen mit voller Absicht. Entsprechend dem Polaritätsgesetz geht es um die Pole »Geben« und »Nehmen« und darum, ob sie sich im Gleichgewicht befinden.

Haben wir in der Vergangenheit viel gegeben, so ist der Gewinn eine logische Konsequenz. Haben wir dagegen das Geben vernachlässigt, kann der jetzige Gewinn eventuell nur ein »Vorschuss« sein und wir sollten schnellstmöglich die Waagschale des Gebens wieder auffüllen, damit sich der Gewinn nicht alsbald in Luft auflöst.

Erleben wir Ereignisse, die mit Verlusten einher gehen, z. B. ein Diebstahl, haben wir das Gesetz von Geben und Nehmen verletzt. Auf irgendeiner Ebene wurde mehr empfangen als man zu geben bereit war. Vielleicht haben wir uns in der Vergangenheit zu sehr an materielle Dinge geklammert. Lassen Sie sich Zeit und halten Sie Rückschau. Ihre innere Stimme sagt Ihnen, in welchem Bereich ein Ungleichgewicht eingetreten ist. Die Lösung ist in allen Fällen dieselbe, wir sollten den Ausgleich zwischen Geben und Nehmen wieder herstellen.

Der Ausgleich kann in materieller oder nicht-materieller Form erfolgen. Letzteres liegt zum Beispiel vor, wenn wir jemandem unsere volle Aufmerksamkeit schenken. Wir geben ihm Zeit und Raum, indem wir ihm bewusst zuhören. Hüten wir uns davor, die Ursachen von Verlusten bei anderen zu suchen und sich selbst als Opfer widriger Umstände zu sehen. Die Gründe finden wir stets bei uns und hierfür sollten wir die volle Verantwortung übernehmen. Wir lösen uns somit aus Abhängigkeiten, führen ein selbst bestimmtes Leben und werden innerlich frei.

Solange wir unsere Person über Besitz definieren und materiellen Reichtümern nachjagen, herrscht ein krasses Ungleichgewicht zwischen Geben und Nehmen vor. Geiz und Habgier sind die möglichen Begleiter auf diesem Weg. Schenken Sie dem Pol »Geben« mehr Aufmerksamkeit und Ihr Leben wird »automatisch« Reichtum erfahren. Gewinne, die nicht auf Kosten anderer gehen, sind Belohnungen und zeigen, wir sind auf dem richtigen Weg.

Flexibilität und Starre

Wir haben den Bogen überspannt und als Folge kommt es zu einem einschneidenden Ereignis, dem Bruch. Dieser ist Ausdruck von Starre und Unnachgiebigkeit in seiner unerlösten Form. Denken wir dabei an den Arm- bzw. Beinbruch, den Bruch einer Beziehung oder an den Einbruch. Die Ausprägungen der Starre sind mannigfaltig und unserer Fantasie keine Grenzen gesetzt, um welche Zufälle es sich handeln könnte.

Der Gegenpol von Fixierung ist Flexibilität, die sich in psychischer und körperlicher Beweglichkeit auch äußerlich zeigt. Tauchen Ereignisse in unserem Leben auf, die den plötzlichen Bruch einer Situation oder mit einer Person herbeiführen, haben wir gegenüber der Veränderung zuviel Widerstand geleistet. Sobald uns das Prinzip klar wird, verstehen wir die uns zugefallenen Ereignisse besser. Erleiden wir eine Verletzung der Extremitäten, zum Beispiel des Arms oder der Hand, sollten wir uns fragen, ob wir notwendige Handlungen verschoben oder nicht umgesetzt haben, die jedoch längst fällig waren. Ist man auf jemanden oder etwas fixiert, verliert man den Blick aufs Ganze und die Energie kann nicht mehr frei fließen.

Bei einem Einbruch in unsere Privatsphäre stellt sich die Frage, was hat uns zutiefst getroffen? Waren es die gestohlenen Gegenstände, und wenn ja, welche und welche Bedeutung hatten sie für uns, oder war es vielmehr der Verlust von Sicherheit? Sobald wir uns mit den Umständen des (Ein-)Bruchs und mit den damit verbundenen Schattenthemen auseinandersetzen, erhalten wir unsere Beweglichkeit zurück. In welchem Lebensbereich waren wir bisher zu unflexibel? In jedem Ereignis, sei es auf den ersten Blick noch so ungünstig, steckt zugleich eine Chance. Eine Chance etwas zum Positiven zu verändern.

Auch das Gegenteil kann der Fall sein, die ständige Suche nach Abwechslung und Veränderung. Hinter Ortswechseln verbirgt sich häufig der Wunsch, die Routine zu unterbrechen, damit etwas Neues in unser Leben tritt. Steckt dahinter die Idee des Erneuerns oder ist es vielmehr eine Flucht? Oftmals scheint es leichter, irgendwo anders neu anzufangen, als sich den Problemen am alten Ort zu stellen. Sind die Themen nicht gelöst, kehren sie immer wieder zurück, egal wo man sich befindet. Gehen wir sie lieber an und lösen sie.

Chancen und Krisen

Jede Krise birgt zugleich Chancen. Das ist bei einer beruflichen Krise, z. B. hervorgerufen durch Burn-out oder einer überraschenden Kündigung, der Fall, ebenso im privaten Bereich bei einer Scheidung, oder einer schweren Erkrankung. Hinter all diesen Schicksalsschlägen sollten mögliche Chancen nicht übersehen werden. Das sagt sich leicht, solange wir uns nicht gerade in einer solchen befinden. Ereignisse, die von uns als Krise empfunden werden, erschüttern uns zutiefst, verunsichern uns wie es nun mit unserem Leben weitergehen soll.

Hier gilt es im Besonderen, nicht über irgendwelche schrecklichen Zukunftsszenarien zu grübeln oder zu analysieren was in der Vergangenheit wohl schief gelaufen ist, vielmehr sollen uns die Ereignisse wachrütteln. Oftmals bringen sie uns in den Augenblick, in das Hier und Jetzt zurück. Es liegt an uns und unserer Einstellung, die jetzige Situation zu nutzen und längst überfällige Änderungen in unserem Leben vorzunehmen.

Verstehen wir Krisen als Übergangszeiten, in der Überholtes von Neuem abgelöst wird. Dieser Transformationsprozess mag uns

Angst machen, weil wir in diesem Augenblick nicht wissen was nachfolgt. Aus diesem Grund sind wir verunsichert und neigen dazu, den alten Zustand festzuhalten. Als Resultat treffen uns dann Ereignisse, die die Krise noch verstärken.

Wichtig ist, im Jetzt zu bleiben, vertrauensvoll und offen in die Zukunft zu blicken und Neues zuzulassen. Eine Kündigung kann die Chance für eine berufliche Neuorientierung sein. War die letzte Arbeitsstelle nur ein Job, um die Brötchen zu verdienen, streben wir nun einer Berufung entgegen, die uns erfüllt und Lebensfreude zurückbringt. Eine Krankheit kann uns auf das Wesentliche besinnen lassen, auf den Lebenssinn, wer bin ich, was will ich noch im Leben erreichen?

Denken Sie daran, alles hat zwei Seiten. Gelingt es mir, beide zu akzeptieren und zu integrieren, überwinde ich die gegensätzliche Polarität und komme in die Einheit. Was letztlich zur Folge hat, dass sich die positiven Ereignisse in Ihrem Leben häufen.

Erfolg und Misserfolg

Alle Ereignisse, die uns näher an die gesetzten Ziele führen, stufen wir als positiv ein. Dagegen bewerten wir Hindernisse, die sich uns in den Weg stellen als Stagnation, als Misserfolge. Natürlich wollen wir diese möglichst schnell überwinden und hinter uns lassen, damit wir endlich das lang ersehnte Glück finden. Das ist jedoch ein gewaltiger Trugschluss.

Zum einen verlieren wir die Chance des Augenblicks, das Jetzt, und flüchten in eine von uns geschaffene Traum- und Zukunftswelt, die vermutlich nie Realität wird. Zum anderen können wir aus heutiger Sicht überhaupt nicht beurteilen, ob ein Ereignis gut oder schlecht ist. Denn schon ein vermeintlich schlechtes Ereignis, kann sich bereits kurze Zeit später als gut herausstellen. Sie verpassen das Flugzeug und als Folge einen überaus wichtigen Geschäftstermin. Sie ärgern sich noch auf dem Nachhauseweg über die verpasste Chance, während Sie im Autoradio die Nachricht vom Absturz der Maschine hören. Verdammtes Glück gehabt, sagen Sie dann.

Bleiben Sie in der Gegenwart und ändern Sie lieber Ihre Sichtweise gegenüber Hindernissen. Sie bringen uns dazu, innezuhalten und unser Verhalten und Handeln zu überdenken. Manchmal fordern sie uns auf, den eingeschlagenen Weg zu ändern und bessere Alternativen zu finden. Hören Sie auf Ihr Gefühl und auf Ihre innere Stimme. Liegt das angestrebte Ziel tatsächlich in Ihrem Interesse, ist es für Sie essentiell oder jagen Sie einer Illusion nach?

Ebenso verhält es sich mit der Stagnation. Nichts will gelingen, scheinbar gibt es keine Entwicklung, die Sie näher ans Ziel heranführt. Nutzen Sie die Zeit! Wozu ist die Phase des Stillstands gut? – Alles ist im Lebensfluss, auch wenn Sie es auf den ersten Blick nicht erkennen. Betrachten Sie die Ereignisse um Sie herum in neuem Licht. Vielleicht haben Sie Angst vor Veränderung oder verweigern sich aus falschem Sicherheitsdenken dem Fluss des Lebens? Eine mögliche Aufgabe kann sein, seine Ängste und Bedenken über Bord zu werfen, ins Hier und Jetzt zu kommen und sich dem Leben vertrauensvoll hinzugeben. Sie stellen plötzlich fest, wie sich neue Perspektiven auftun, wie das Leben, Ihr Leben, wieder zu fließen beginnt. Die Erfolge stellen sich dann von ganz allein ein.

Harmonie und Konflikte

Sind wir in unserer Mitte, befinden wir uns im Gleichgewicht und damit in Harmonie mit uns selbst und mit unserer Umgebung. Wir fühlen uns mit der Welt verbunden und ausgesöhnt. In diesem Zustand strömt Lebensenergie ungehindert zu uns und tankt uns mit Kraft auf. Konflikte dagegen bringen uns aus der Balance und schneiden uns von der lebenswichtigen Energiequelle ab oder verringern diese zumindest.

Häufig wenden wir viel Energie auf, einen Konflikt auszutragen. Dabei können wir ungeahnte Kräfte und Dynamik entwickeln, große Energien mobilisieren. Je länger sich dieser Konflikt jedoch hinzieht, umso eher droht die Gefahr, uns von der Versorgung mit Lebensenergie abzuschneiden. Die Folge ist, wir verlieren an Kraft und Stärke und vor allem an Lebenslust. Deshalb sollten wir aufpassen, am Ende nicht als Verlierer da zustehen.

Ereignisse, die Konflikte heraufbeschwören, sollten wir genau prüfen. Können wir sie umgehen? Macht es Sinn zu streiten? Gibt es bessere Alternativen, zum Beispiel die der Aussöhnung? Haben sie die Aufgabe uns wachzurütteln, uns aus einer Lethargie zu führen? Kommen wir zum Ergebnis, der anstehende Konflikt ist absolut notwendig, weil wir zum Beispiel von unserem rechtmäßigen Platz verdrängt werden, sollten wir ihn mit all unserer zur Verfügung stehenden Macht angehen und ihn möglichst in kurzer Zeit hinter uns bringen. Je länger sich ein Konflikt hinzieht, umso energieraubender und schädlicher ist er meist für uns.

Konflikte mit Autoritäten, wie dem Vorgesetzten, weisen meist auf das Thema Macht und Ohnmacht hin. Fragen wir uns, wessen Grenzen eventuell nicht respektiert werden. Unsere oder die des Widersachers? Überlegen Sie, ob Verteidigung oder Angriff die bessere Strategie ist. Oftmals ergeben sich Zufälle, die uns die Richtung weisen.

Fühlen wir uns ausgeliefert und ohnmächtig, überkommt uns ein Gefühl der Hilflosigkeit. Die Kontrolle, die man über eine Situation oder Person zu haben glaubt, löst sich in Luft auf, was natürlich Angst macht. Hält man jetzt an diesem Machtanspruch oder an überholtem Sicherheitsdenken fest, erreicht man gar nichts und die Ohnmacht verstärkt sich nur noch. Manchmal besteht die Lösung darin, alle Machtansprüche aufzugeben, die Verantwortung an eine höhere Macht abzugeben und einfach geschehen zu lassen, was geschehen soll.

Sind Sie häufig in Recht- und Gesetzeskonflikte verstrickt, sei es als Kläger oder Angeklagter, steht ebenfalls das Thema »Grenzen« an. Überlegen Sie sorgfältig welche »Grenzüberschreitungen« in den einzelnen Konflikten vorliegen. Vermutlich verbirgt sich dahinter immer ein und dasselbe Prinzip. Setzen wir uns bewusst mit diesem ungelösten Prinzip auseinander, reduzieren sich die Streitigkeiten und die Lebensfreude kehrt zurück. Alle Menschen sind miteinander verbunden und bilden eine Einheit. Somit tragen Sie Konflikte letztlich immer mit sich selbst aus, nur die Gesichter wechseln, denken Sie daran.

Gesundheit und Krankheit

In allen als negativ empfundenen Ereignissen liegen Chancen verborgen. Krankheiten entstehen meist, wenn in unserem Leben permanent ein Ungleichgewicht in einem oder mehreren Breichen besteht. Krankheiten können wir nutzen, um unsere innere und äußere Balance wieder zu finden. Die auftretenden Symptome geben Aufschluss, welche Ursachen hinter der Krankheit stecken.

Ungelöste Herzensangelegenheiten werden sich folglich in Herzrhythmusstörungen bis hin zum Herzinfarkt Ausdruck verleihen. Eine belastende Arbeit oder Stress schlagen uns womöglich aufs Herz, den Magen oder auf die Bandscheiben. Das kommt ganz auf den individuellen Fall an.

Wechseln wir daraufhin die Arbeitsstelle und gehen einer sinnvolleren Berufung nach, verschwinden meist die Symptome und die Krankheit. Unfälle, die einen Bruch zur Folge haben, zeigen unsere Unbeweglichkeit und Starre auf. In welchem Lebensbereich könnte das gewesen sein? Schon sind wir der Ursache auf der Spur. Die Gesundung erfolgt, wenn wir künftig beweglicher in diesem Umfeld agieren als zuvor.

Ereignisse, die uns in die Ruhe oder in die Isolation zwingen, bieten die Möglichkeit der meditativen Besinnung. Wir kommen hierdurch in den Augenblick. Was ist für uns wirklich wichtig im Leben? Welche Dinge erfüllen uns mit Freude? Wo liegt mein Lebenssinn? Somit kann uns eine Krankheit am Ende durchaus zur Erleuchtung führen. Niemand sollte sich deshalb erheben, über einen anderen zu urteilen und dessen Krankheit als Strafe zu bewerten. Viele spirituelle Meister sind z. B. an Krebs gestorben, vielleicht gerade deswegen, weil sie auf dem Weg der Erleuchtung waren.

Unsere Krankheiten haben wir selbst zu verantworten, ebenso die Folgen. Die hierdurch neu gewonnenen Erkenntnisse bereichern unser Leben im wahrsten Sinne des Wortes.

Dein Coach – 9 Punkte zum Erfolg

1. Verantwortung übernehmen für alle Ereignisse, die dir *zufallen*

2. Lebe im Hier und Jetzt

3. Finde stets die richtige Balance – wende das Polaritätsgesetz an

4. Lebe das Resonanzgesetz und deine Wünsche gehen in Erfüllung

5. Ereignisse als Chance wahrnehmen

6. Loslassen, wenn es darauf ankommt

7. Analoges Denken hilft Lebensprinzipien zu verstehen

8. Zu den eigenen Schattenseiten stehen

9. Deine innere Stimme ist der beste Coach

Dank

an alle Buchpaten der Bookcrossing-Aktion und Mitgliedern unserer Facebook-Gruppe für ihre Unterstützung und Anregungen.

Besuchen Sie uns auf Facebook

„Der Zufall als Coach"

www.zufaelle.com

GUTES DESIGN*
IST KEIN ZUFALL...

GRAFIK
www.ooografik.de

Deine Vorteile als Arbeitssuchende(r):
- Kostenfreie Registrierung & Nutzung
- Zugriff auf Unternehmen
- Jobs & Praktika finden
- Regionale Suche (über PLZ)
- Schneller Kontakt & Austausch
- Keine Schikane durch wenige bzw. keine Referenzen

Ihre Vorteile als Unternehmen:
- Kostenfreie Registrierung & Nutzung
- Zugriff auf junge Arbeitssuchende
- Praktikanten finden
- Talentierte & motivierte Arbeitnehmer entdecken
- Regionale Suche (über PLZ)
- Schneller Kontakt & Austausch

Weitere Infos:
www.job-buddy.de   E-Mail: team@job-buddy.de

Achselpads
gegen Schweißflecken

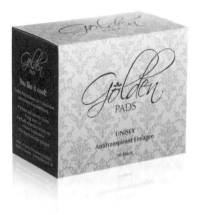

- Gegen Schweißflecken und Gerüche
- Für ein trockenes Hautgefühl
- Hauchdünn und atmungsaktiv
- Hoher Tragekomfort

www.golden-pads.de